Breslau
WROCŁAW
Namslau
NAMYSŁÓW
Pitschen
BYCZYNA
Konstadt
WOŁCZYN
Kreuzburg
KLUCZBORK
Landsberg
GORZÓW ŚL.
Kunzendorf
TRZEBINA
Bodland
WIERZCHY
Rosenberg
OLESNO
Brieg
BRZEG
Sausenberg
SZUMIRAD
Brückenort
BORKI WIELKIE
Tschenstochau
CZĘSTOCHOWA
Warthe
WARTA
Löwen
LEWIN
Schurgast
SKOROGOSZCZ
Turawa
Guttentag
DOBRODZIEŃ
Nagelschmieden
GWOŹDZIANY
Grottkau
GRODKÓW
Schönwitz
KARCZÓW
Oppeln
OPOLE
Sodow
SADÓW
Loben
LUBLINIEC
Falkenberg
NIEMODLIN
Tillowitz
TUŁOWICE
Bielitz
BIELICE
Himmelwitz
JEMIELNICA
Malapane
MAŁA PANEW
Ottmachau
OTMUCHÓW
Neisse
NYSA
Rogau
ROGÓW OP.
Gr. Strehlitz
STRZELCE OP.
Hartlingen
PACZYNA
Tarnowitz
TARNOWSKIE GÓRY
Glatz
KŁODZKO
Patschkau
PACZKÓW
Steinsdorf
ŚCINAWA NYSKA
Friedland
KORFANTÓW
Krappitz
KRAPKOWICE
Gogolin
Annaberg
GÓRA ŚW. ANNY
Tost
TOSZEK
Neudeck
ŚWIERKLANIEC
Bielau
BIAŁA NYSKA
Zülz
BIAŁA
Bergstadt
LEŚNICA
Brunneck
BRYNEK
Bischofstal
Ujest UJAZD
Peiskretscham
PYSKOWICE
Ziegenhals
GŁUCHOŁAZY
Neustadt
PRUDNIK
Oberglogau
GŁOGÓWEK
Cosel
KOŹLE
Heydebreck
KĘDZIERZYN
Beuthen
BYTOM
Hindenbg.
ZABRZE
Gleiwitz
GLIWICE
Ruda
ŚL.
Königshütte
CHORZÓW
Sosnowitz
SOSNOWIEC
Kunzendorf
TRZEBINA
Groß Neukirch
POLSKA CEREKIEW
Kattowitz
KATOWICE
Myslowitz
MYSŁOWICE
Leobschütz
GŁUBCZYCE
Wiesenstein
WITOSŁAWICE
Nikolai
MIKOŁÓW
Lubowitz
ŁUBOWICE
Groß Rauden
RUDY
Bauerwitz
BABORÓW
Tichau
TICHY
Katscher
KIETRZ
Ratibor
RACIBÓRZ
Rybnik
Gostin
GOSTYŃ
Sohrau
ŻORY
Berendorf
BIEŃKOWICE
Auschwitz
OŚWIĘCIM
Kranstädt
KRZANOWICE
Schwirklan
ŚWIERKLANY
Pleß
PSZCZYNA
Loslau
WODZISŁAW
Troppau
OPAVA
Freistadt
FRYŠTÁT
Biala
Bielitz
BIELSKO-BIAŁA
Teschen
CIESZYN
ČESKÝ TĚŠÍN
Saybusch
ŻYWIEC
Weide
WIDAWA
Stober
STOBRAWA
Lohe
ŚLĘZA
Ohle
OŁAWA
Oder
ODRA
Glatzer Neiße
NYSA KŁODZKA
Steina
ŚCINAWA
Osobloga
Hotzenplotz
Kanal
Birawka
Zinna
Psina
Ruda
Oppa OPAVA
Mora
Morava
Oder ODRA
Olsa OLZE
Weichsel
WISŁA
W R O C Ł A W
W A Ł B R Z Y C H
O P O L E
C Z Ę S T O C H O W A
K A T O W I C E
B I E L S K O - B I A Ł A
Reichsgrenze 1937
Reichsgrenze bis 1920
Provinzgrenze bis 1945
Regierungsbezirksgrenze 1940/45
Teschener (Österr.-) Schlesien bis 1920
Südgrenze Polens ab 1920
Woiwodschaftsgrenze ab 1975
KATOWICE Woiwodschaftsname
Stadtkreis
Reg.-Bez.-(Woiwodsch.) u. Kreis-Stadt
Stadt, Ortschaft

Erle Bach

OBERSCHLESIEN

Vom Sudetenland zur Oberschlesischen Platte

Erle Bach

OBERSCHLESIEN

Vom Sudetenland zur Oberschlesischen Platte

Bildband mit 96 Großfotos

und 51 Schwarzweißbildern

FLECHSIG

Umwelthinweis:
Dieses Buch und der Umschlag wurden auf chlorfrei gebleichtem Papier gedruckt.
Die Einschrumpffolie – zum Schutz vor Verschmutzung – ist aus umweltverträglichem und recyclingfähigem PE-Material.

Titelbild: Rogau. Am Schloss (W. Lambert)
Karten auf Vor- und Nachsatz: Ernst R. Döring
Zeichnungen: Ilse Sterzl

Sonderausgabe für Flechsig-Buchvertrieb
Genehmigte Lizenzausgabe für Verlagshaus Würzburg GmbH & Co. KG, Würzburg

Originalausgabe: Adam Kraft Verlag, Würzburg
Gesamtherstellung: Egedsa, Sabadell
Printed in Spain 2000
ISBN 3-88189-218-4

Die Heimat

An meinen Bruder

Der Bielau-Fluß

Denkst du des Schlosses noch auf stiller Höh'
Das Horn lockt nächtlich dort, als ob's dich riefe
Am Abgrund grast das Reh,
Es rauscht der Wald verwirrend aus der Tiefe. –
O stille, wecke nicht, es war als schliefe
Da drunten ein unnennbar Weh.

Kennst du den Garten ? – Wenn sich Lenz erneut,
Geht dort ein Mädchen auf den kühlen Gängen
Still durch die Einsamkeit,
Und weckt den leisen Strom von Zauberklängen,
Als ob die Blumen und die Bäume sängen
Rings von der alten schönen Zeit.

Ihr Wipfel und ihr Bronnen, rauscht nur zu!
Wohin du auch in wilder Lust magst dringen,
Du findest nirgends Ruh,
Erreichen wird dich das geheime Singen, –
Ach, dieses Bannes zauberisches Ringen
Entfliehn wir nimmer, ich und du!

Joseph von Eichendorff
(1820)

DURCH DIE MÄHRISCHE PFORTE

Der klassische Reiseweg von und nach Oberschlesien führt seit der Frühzeit durch die Mährische Pforte. Das ist eine vielleicht zwanzig Kilometer breite, teilweise versumpfte Senke zwischen dem Quellgebiet der Oder und Mährens bedeutsamstem Fluß, der March. Dieser vermeintliche Bergeinschnitt ist ein wichtiger geographischer Punkt. Als enger Durchlass trennt er einen Gebirgswall, dessen Einheitlichkeit täuscht und nur durch die gleiche von Südosten nach Nordosten ziehende Richtung gegeben ist. Denn die Mährische Pforte trennt keinen Bergstock, sondern Erdzeitalter: aus nördlicher Richtung endet hier der größtenteils kristalline Gebirgsstock der Sudeten mit einem stattlichen Alter von rund 300 Millionen Jahren, die dem Devon zugerechnet werden.
Gegenüber, auf der anderen Seite der Mährischen Pforte tauchen die blauen Kammlinien der Westbeskiden auf. Sie sind dem Karpatenbogen vorgelagert und den Alpen in geologischer Jugendlichkeit verbunden. Sie haben es nur mit 10 Millionen Jahren zum Tertiär gebracht. An dieser Stelle endet auch die sogenannte polnische Platte, die die ganz natürliche Grenze Schlesiens, hier Oberschlesiens, nach dem Osten darstellt, während Beskiden, das weiträumige Wiener Becken mit dem mährischen Raum und den kleinen Gebirgen des Sudetenzuges die Westgrenze bilden. Das darin eingebettete Oberschlesien hatte schon immer die Funktion eines wichtigen Durchgangslandes mit der vorgelagerten Mährischen Pforte als Tor.

Heidelandschaft bei Rosenberg

Hier hindurch führte eine vorgeschichtliche Bernsteinstraße. Sie kam von Palmnicken an der Ostsee, vorbei an Königsberg, führte bis Thorn und Breslau. Dort überquerte die Bernsteinstraße die Oder und folgte deren Lauf an der linken Seite bis hinein in die Mährische Pforte. Oberhalb, im Odergebirge, entspringt dieser östliche Strom in 650 Metern Höhe. Die Bernsteinstraße aber führte weiter durch die

sumpfigen Niederungen, bei Prerau erreichte sie die March, folgte ihrem Lauf bis zur Einmündung der Donau unweit Wien, um bei Udine die Adria zu erreichen. Es ist nicht möglich, Oberschlesien getrennt von der Mährischen Pforte zu betrachten. Handelsgüter gelangten durch dieses geographische Nadelöhr in beide Richtungen, sie war und ist vor allem Brücke und Umschlagplatz für Sprache und Kultur, für Religion und Kunst, Schöngeistiges und Erdgebundenes. Dort, wo drei Länder und verschiedene Völker zusammenkommen wird sichtbar, was die kulturelle Begegnung über Grenzen hinweg hervorbringen kann.
Trotz allem Schmerz, den man sich in zurückliegender Zeit zugefügt hat wäre es wichtig für Morgen, daß sich jeder der Nachbarn stets darauf besinnt, was Marion Gräfin Dönhoff in ihrem Buch »Polen und Deutsche – Die schwierige Versöhnung« mit dem Wort eines polnischen Gesprächspartners wiedergibt:

> »..es gibt nur diesen Weg.
> Wir wollen ihn gehen,
> denn ihr werdet auch in hundert Jahren
> noch unsere Nachbarn sein«.

So möchte auch das vorliegende Buch aufgefaßt sein in natürlich gewachsener Nachbarschaft, mit gewachsenen und noch wachsenden Freundschaften ohne Aussparung des Schmerzes, der noch in vielen Oberschlesien verbundenen Herzen brennt.
Aber die Lage des Landes lehrt, daß es ein Land der Begegnung ist, daß gerade diese Offenheit des geistigen Austausches, die scheinbaren Gegensätzlichkeiten in großer Dichte dort über-

Gustav Freytag

ragende Persönlichkeiten, aber auch Dichter, Komponisten, Musiker, Maler, Bildhauer, Schauspieler, also Künstler aller Art neben Wirtschaftspionieren, Naturheilern und wunderlichen Käuzen hervorgebracht hat. Viele von ihnen kamen oder gingen durch die Mährische Pforte, sind in ihrer Nähe geboren als wäre dieser Bergeinschnitt so etwas wie eine magische Senke. Ob nun die künstlerischen Werke in den weiten stillen Wäldern oder in den lauten Städten entstanden sind, sie alle passen zusammen, sie alle sind Oberschlesien. Auf Schritt und Tritt ist ihnen zu begegnen in der Zeile eines Liedes, im kunstvollen Eisengitter um einen alten Brunnen, in der Handschrift eines längst verstorbenen Kirchenbaumeisters, in einer prunkvollen Schloßfassade oder gar im Orgelspiel eines unbekannten Organisten.
Wer sich heute mit einem schnellen Auto dieses Land erschließen will, wird ein ganz anderes finden. Doch wer mit den Augen des Freundes sich dieses Land leise und vom Herzen her erschließen will, dem wird es sich mitteilen. Im Bildteil dieses Buches klingt manches davon an, es ist wie eine Einladung, sich von der Zeit nicht treiben zu lassen, den Gesang des Windes in sich aufzunehmen, wie er von Osten kommend durch die Mährische Pforte streicht, als wolle er die alten Nachbarschaften erkunden. Oder auf einem sonnenbeschienenen Fleckchen das

Neisse. Kämmereigebäude vor der Zerstörung und späteren Restauration

Summen einer Biene wahrzunehmen wie vor tausend Jahren, wo der Honig zu den wichtigsten Zahlungsmitteln gehörte. Obwohl das Industrierevier die altehrwürdigen Wälder tötet, so gibt es doch abseits noch Bäume, deren Blätter im Abendwind säuseln als wäre nichts geschehen.

Ob Land oder Stadt, die schöpferischen Menschen Oberschlesiens fühlen sich mit ihrer Heimat identisch. Sie haben das Befreundete und das Fremde von jenseits der Grenzen mit in ihr eigenes Empfinden integriert und umgesetzt, weil das eine nicht ohne das andere sein kann. Durch Teilungen sind den Menschen viele Wunden zugefügt worden, Grenzlandschicksale, Nachtgesichter der Möglichkeiten, die Grenzüberschreitendes schenken kann. Die Trennungslinien gingen nicht nur durch das Land, durch blühende Städte, sie teilten auch Familien, sie teilten das oberschlesische Herz. Nicht selten verwandelt sich dann der ohnmächtige Schmerz in Zorn und die Auflehnung gegen erfahrene Ungerechtigkeit schlägt um in Haß. Oberschlesiens jüngste Geschichte in diesem Jahrhundert birgt dieses Unglück der Teilungen. Aber da ist auch noch die tiefe Religiosität der Menschen, vielleicht vermag sie den Zorn zu mildern, den Schmerz leiser werden zu lassen.
Es wäre vermessen, mit vielen kleinen und oft zufälligen Ausblicken auf verträumte Gärten, auf Parks mit alten Bäumen, auf historische Bauten oder moderne Stadtbilder Oberschlesien erschöpfend darstellen zu wollen. Das gelingt nicht. Jeder muß sein eigenes entdecken. Auch für die begleitenden Texte gilt das, sie können nur mosaikartig Gedanken, Geschehnisse, Hoffnungen und Tatsachen in zufälliger Auswahl anbieten. Vergessen ist nichts, manches, was einer vermißt, steht schon in einem anderen Buch über dieses gegensätzliche Land.

Seine besondere Lage, seine liebenswerten Menschen, sind eine Neuentdeckung wert!

LAND MIT VIELEN GESICHTERN

Ein flüchtiger Betrachter mag Oberschlesien wie etwas rundherum Abgeschlossenes, etwas Eigenes oder etwas ganz Besonderes sehen. Das trifft zu, wenn auch nicht als Ganzes, eher so, daß viele kleine Besonderheiten neben- und miteinander, kreuz und quer oberschlesisch verwoben sind. Dieser südliche Teil der ehemals preußischen Provinz Schlesien ist durch seine andere Strukturierung keineswegs eine Art vorgelagerter Insel, denn die in den dortigen Kohlenflözen gefundene fossile Flora, hauptsächlich Farne, ist identisch mit den Funden in Englands wallisischen Kohlengruben. Das schwarze Gold Oberschlesiens hat in großer Erdtiefe eine Verbindung zum Rheinischen Schiefergebirge, zu den Kohlenlagern des Ruhrgebietes, zu Erzen und Kohlen des Harzes, Sachsen und Böhmens, zum Waldenburger Bergland, und

Bergmann in Festtagstracht

von Oberschlesien aus ziehen sie sich weiter nach Osten. Selbst von der Kohle aus betrachtet ist die vermeintliche Insel das was sie ist: ein Durchgangsland.

In der preußischen Zeit entstand aber auch durch ein unvollständig wiedergegebenes Zitat von Goethe der schlechte Ruf des Landes, kaum zivilisiert zu sein und auch die ungebildeste Bevölkerung zu haben. Dieses Bild hat sich seitdem hartnäckig gehalten, bis heute vielleicht noch, wenn Oberschlesier aus unterschiedlichen Gründen eine ähnliche Mühe mit der deutschen Schriftsprache haben wie die Schweizer Nachbarn. Allein schon diese durch Mißverständnis entstandene Einstufung ist eine heutige Erkundung wert durch den Gang der Geschichte und mit den Augen eines Freundes. Goethe selbst konnte nichts für dieses falsche Auslegung. Er hatte mit seinem fürstlichen Freund Karl August am 3. September 1790 die Bergstadt Tarnowitz besucht, die seit dem 19. Januar 1788 eine Sensation in Betrieb genommen hatte: eine aus England bezogene riesige Dampfmaschine, die einzige bis dahin in Preußen, die erste auf dem Kontinent. In den Tarnowitzer Erzgruben störten die großen Wassereinbrüche, die mühsam durch Pumpwerke, sog. durch Pferde getriebene Göpelwerke bekämpft wurden. Diese englische Dampfmaschine verzichtete auf die natürlichen Pferdestärken. Das Ereignis zu einem Besuch dort war groß genug, die Besichtigung der Feuermaschine war durch König Friedrich Wilhelm II. und den Kronprinzen bereits bei der Inbetriebnahme geschehen, denn gerade einer der Vorfahren, der Markgraf von Brandenburg, hatte viel für den Aufbau von Tarnowitz und seinen Erzabbau getan, weshalb die kleine Bergstadt damals eine der fort-

Gleiwitz. Güterbahnhof

schrittlichsten war. Goethe reiste mit offenen Augen durch das Land, ihm fiel der große Gegensatz der sich in ausgezeichnetem Zustand befindlichen Ortschaften und Städte auf und der meist polnischsprechenden Landbevölkerung im Grenzgebiet, die damals einen sichtlich niedrigen Bildungsstand hatte. Das hing mit der viel längeren Leibeigenschaft der Untertanen polnischer Herrschaftsfamilien zusammen zu einer Zeit, da Deutsche schon längst freie Bauern waren und ganz andere Bildungschancen hatten. Auf alle Fälle hat dieser Gegensatz den mitreisenden Goethe so beeindruckt, daß er in das Fremdenbuch der Tarnowitzer Friedrichsgrube eintrug:

An die Knappschaft in Tarnowitz

»Fern von gebildeten Menschen
am Ende des Reichs wer hilft euch
Schätze finden und sie glücklich
bringen ans Licht?
Nur Verstand und Redlichkeit helfen;
es führen die beiden Schlüssel
zu jeglichem Schatz,
welchen die Erde verwahrt!«

Später aber wurde es zu einem geflügelten Wort für die Beschreibung Oberschlesiens, spöttisch lächelnd den ersten Teil des Goethezitats zu verwenden: »Fern von gebildeten Menschen am Ende des Reichs ...«
Mit dieser Gedankenlosigkeit ist den oberschlesischen Menschen viel Unrecht zugefügt worden, das hatte sich bis in unsere Zeit gehalten. Um so wichtiger ist es heute, sich dieses Land mit einem Spaziergang durch die Geschichte und durch den Besuch als Freund zu erschliessen.

Eines der anderen Gesichter Oberschlesiens ist das weite Bauernland. Fruchtbarer Lößboden mit wogenden Getreidefeldern, Obst-, Gemüse- und Blumenzüchtereien, Kartoffeln, Rüben und den Viehherden und viel Federvieh. Die mageren Sandböden auf der anderen Oderseite haben ausgedehnte Kiefernwälder, und dichte Laubwälder sind von unzähligen Wasserläufen und Teichlandschaften unterbrochen.
Herrliche Schlösser, Not und Armut, sind dicht beieinander. Je tiefer der Bergmann unter Tage die Kohle aus dem Bauch der Erde holt, desto heißer sind die Temperaturen im Berg. Dort ist die Geburtszeit der Erde noch spürbar. Mit Gottvertrauen und Furcht arbeitet der oberschlesische Kumpel im Schweiße seines Angesichts unter Tage, hat sich in den besonderen Schutz der hl. Barbara, Schutzpatronin der Bergleute, begeben. Umgeben von der schwarzglänzenden Nacht der Stollen im kohle- und erzhaltigen Gestein spürt der Bergmann, dem rotglühenden Innern der Erde viel näher zu sein als andere Menschen. Das formt ihn. Ja es scheint, als würde er etwas in seinem Gemüt aus der spürbaren glühenden Erdmitte mitnehmen hinauf ans Tageslicht. So mag es kommen, daß Oberschlesiens Menschen mit ihrer oft zweisprachigen Seele eher aufbegehren als anderswo, vielleicht auch ist das nur ein Ventil für die täglich neue Angst, die man der hl. Barbara anvertraute. Wunderbarerweise aber werden die gleichen Menschen bald wieder zu frommen Lämmern, eingebunden in den Jahreslauf der katholischen Kirche mit ihren Gottesdiensten, ihren Wallfahrten und kirchlichen

Hl. Barbara von Tilman Riemenschneider

Festen. Die Inbrunst der Betenden ist echt in der ganz und gar zu diesem Land gehörenden Ausformung. Nicht geprägt von den Sitten des gleichen Glaubens des einst österreichischen Nachbarn, so höchstens im direkten westlichen Grenzland, aber sonst ist der praktizierte Glaube eher an den des heutigen Polen angelehnt mit einer uns in westlichen Ländern fremder Überschwenglichkeit, wie es scheint.
Aber dort paßt alles zusammen.
Die Lebensfreude wird durch Frömmigkeit nicht geschmälert, auch nicht die weit verbreitete Vorliebe zu wärmenden Getränken aus Flaschen. Schnell läßt sich damit das Gemüt erhitzen, aber nach dem Vorbild rotglühenden Erzes in den Schmelzhütten, kühlt es sich auch wieder ab zur Friedlichkeit. Viele Oberschlesier leben auf diese Weise fest nach geologisch gegebenen Gezeiten und nicht selten auch in der Gefahr von Ebbe und Flut im Geldbeutel. In ihnen schuf der Herrgott wirklich in bester Sonntagslaune ein Völkchen besonderer Art aus allerhand feinen Zutaten: einen Teil österreichische Heiterkeit, einer böhmische Lebenslust mit einem Schuß ungarischem Paprika, einem weiteren Teil polnischer Gefühlstiefe mit Ausbrüchen aller Art, inklusive der Neigung zu geistigen Getränken zu gegebenen Anlässen, das alles überstreut mit den verschiedensten Nationalitätsgewürzen durchreisender Kaufleute und

Bergmann (heute)

Händler, gezähmt durch den Fleiß und die Gewissenhaftigkeit der deutschen Siedler, die auch nicht vergaßen, gegen den verbreiteten Frohsinn den Ernst mit einzuführen. Um dieses gemütsmäßige Chaos des oberschlesischen

Menschen, das sich auch in der Freude zu Mehrsprachigkeit und immer neuen Wortschöpfungen ausdrückt, etwas zu beruhigen, kam zu guter Letzt noch preußische Beamtenstrenge und Genauigkeit und Gehorsamspflicht ins Spiel.
Das ist fürwahr eine dem Herrgott sehr liebe Mischung von Mensch geworden. Weil solcherlei Ausgezeichnetsein nicht umsonst ist, werden diese Menschen von Zeit zu Zeit kräftig, und meistens von irgendwelchen Unruhen geschüttelt. Vorzugsweise dann, wenn gerade eine Art von Beruhigung eingezogen ist, ob politisch, geologisch oder sonstwie. Da gärt und brodelt es plötzlich, als wäre noch alles in der Erschaffung der Welt zu Gange, als würde diese einst südschlesische, erkrustete Erdoberfläche von unterirdischer Glut schollenweise angehoben zu Klippengebilden, die sich hochkant aufrichten und alles was sich darauf befand, die Menschen und die Ansichten, die Obrigkeiten und die Untertanen einfach irgendwo in der Versenkung verschwinden lassen. In einem unerklärlichen Rythmus kommt dabei immer etwas an die Oberfläche von dem geglaubt wurde, das wäre gar nicht mehr vorhanden.
Eine solche Zeit ist jetzt.
Die Jahre der Unfreiheit und des Zwanges rutschten von der Klippe der Zeit ins Unsichtbare, die Kirche hielt sich samt Solidarnos. Freiheit und Marktwirtschaft haben noch chaotische Gesichtszüge, aber auch die werden sich eines Tages nach unerklärlichem Gezeitenwechsel glätten. Und in diesem oberschlesischen Land gibt es plötzlich zwischen den aus dem verlorenen polnischen Osten ansässig gewordenen Menschen Deutsche, die die Ausübung von eigener Kultur, Sprache und Religion fordern nach internationalem Minderheitenrecht in der Art, wie es fast ein Jahrtausend selbstverständlich war bis vor Jahrzehnten. Das kam für den erschreckten Zuschauer plötzlich und unerwartet, waren doch die davon Betroffenen beim letzten oberschlesischen Gezeitenwechsel fast verschwunden. Das unangemeldete Wiedervorhandensein hat nichts mit Feindschaft zu tun, es ist nur deshalb, weil dort immer die Bewohner in ihrer unterschiedlichen Herkunft gut miteinander lebten, falls einer den anderen sein ließ was er war in der angestammten Heimat.
Dieser Frieden erfuhr nur dann eine Störung, wenn dem einen oder dem anderen etwas aufgezwungen wurde, was der nicht selbst wollte.
Der Annaberg, dieser oberschlesische Schicksalsberg ist ein Symbol für das alles. Er ist tränen- und blutgetränkt, und jeder, ob jahrhundertelang ansässig oder, wie man bei uns sagt, zugereist, beansprucht ihn für sich.

Annaberg

Ginge es nach der Weisheit von König Salomon, könnte diese zum Schicksalsberg hochstilisierte Stätte, der Berg des Friedens und der Achtung voreinander werden, ein Ziel, um das viele der Wallfahrer auf dem St. Annaberg vielleicht beten.

Die junge oberschlesische Generation hat es in der Hand, in der in Europa selbstverständlichen

Trachten der oberschlesischen Landleute

Zweisprachigkeit mancher Regionen zu entscheiden, ob der Annaberg ein Berg der Tränen und der Feindschaft bleiben muß.
Obwohl er viel älter ist als die Menschen, und keineswegs von ungewöhnlicher Schönheit, hat er seinen Ruf nur dadurch bekommen, daß er zu diesen Zutaten gehört, aus denen Oberschlesien gemacht ist. Mit der sprachlichen Widersprüchlichkeit bei Namen ist es nicht anders: da mag einer Paul Kramer heißen und ist doch durch und durch ein Pole, und der Josef Dziebulsky, der vielleicht noch nie in seinem Leben ein Wort Polnisch gesprochen hat, der ist der ... Eben. Er ist nicht der, der man dachte. Deshalb

sollte ein Außenstehender seine vorgefaßten Meinungen zuhause lassen. Oberschlesien läßt sich nicht so einfach auseinanderdividieren. Wer es trotzdem versucht, amputiert es ohne Not.

Die Menschen müssen bewundert werden, wie sie es immer wieder geschafft haben mit den Schwierigkeiten zu leben, die sich aus der geographischen Lage des Landes und oft wechselnder politischer Zugehörigkeiten ergaben. Wahrscheinlich haben sie es mit ihrer eigenartigen Mischung aus Humor und Frömmigkeit geschafft. Sie haben eine rauhe Schale und werden deshalb oft verkannt. Diese Rauheit können sie im Umgang miteinander ausleben, oder sie belegen ihre Sprache damit. Das kann Fremden Distanz einflößen. Aber was hätten sie denn tun sollen bei so vielen unterschiedlichen Herren in ihrer Geschichte, deren Sprache sie sprechen mußten, deren Religion für sie obligatorisch war? Natürlich mußten sie diese Verhältnisse akzeptieren, doch ihr Dickschädel kam ihnen dabei selten abhanden. Die Sprache ist übrigens bis heute der Kampfplatz der Oberschlesier, da läßt sich keiner etwas abhobeln, ob er nun Paradedeutsch spricht, worauf sich ein großer Teil vorzüglich versteht, oder auf das weitverbreitete Gebirgsschlesisch entlang der Gebirge bis in den Leobschützer und Neisser Raum hinein, im Grenzbereich fließen dann auch mährische und tschechische Ausdrücke mit ein, während in einem großen Landesteil, zumeist rechts der Oder und in den Industriestädten und ihrem Umland mit einer durch die Industrie angezogenen Bevölkerung das sogenannte Wasserpolnisch gesprochen wird. Als Laie soll man sich hüten, diese Sprachvariante einordnen oder sogar erklären zu wollen.

Es stimmt garantiert nichts, weil sich auch die Wissenschaftler darum streiten. Der Sprachbegriff ist mit der Verbindung von Wasser irreführend, denn diese Sprachweise ist nicht nur in wasserreichen Gegenden üblich, sondern auch in den großen Städten bei einem Teil der Bevölkerung. Die Vorstellung wäre noch möglich, daß sich die eine Sprache mit der anderen verwässert hat und umgekehrt. Dem widerspricht, daß jemand, der sich heute der hochpolnischen Sprache bedient, Wasserpolnisch nicht verstehen kann.

Manche Sprachwissenschaftler sind der Meinung, es handelt sich dabei um eine altslawische Sprache, die keine Weiterentwicklung erfahren hat und sich durch die deutsche Sprache ergänzte – oder umgekehrt. Bahnhof = Bahnhofa, Büchse = Büchsow, und Büchsenmilch: = Mleko of Büchsow. Karbidka = eine Karbidgrubenlampe, Salonik = Sonntagsanzug (von Salon?), ein Gruchlik ist ein lauter Mensch, Grubiosch = Grubenarbeiter.

Rasselwitz – ein Bauerndorf

Der Verdacht ist berechtigt, daß manche der mitunter zärtlichen Wortschöpfungen (frele-Frelitzka-Fräuleinchen), oder die ganz rauhbeinigen, die Nichtoberschlesier verwirren sollen, oder sie haben etwas mit dem Schalk zu tun, der ja dort auch zuhause ist. Auf alle Fälle hat der brave Soldat Schwejk von westlich der Mährischen Pforte auf der entgegengesetzten Seite allerhand Verwandte in den Büchern von Hans Lipinsky-Gottersdorf, von Victor Kaluza und August Scholtis. Sie geben die Sprache der kleinen Leute geradezu bildhaft wieder.
Oberschlesien.
Augenblicklich ist im Osten viel im Aufbruch und Umbruch, Ziele oder Behinderungen haben fließende Linien. Es bedarf der Zeit und geduldigem Abwarten, wie nach der Beruhigung dieses geprüfte Land sein wird.
Es kommt nur darauf an, daß alle, die dort leben, sich dann mit »ihrem Oberschlesien« identifizieren können.
Die vielen Gesichter dieses Grenzlandes sind vielleicht zu einem Teil in diesem Buch zu entdecken.

FREITAGSFISCHE UND HONIGBIENEN

Fische und Bienen, zusammen mit Oberschlesien in eine Beziehung gesetzt, läßt die dafür typische waldphilosophische Betrachtung zu: bei rechtem Gebrauch unfruchtbarer Landstriche läßt sich auch ein gesegnetes Gegenteil erreichen. Da wo des Landes karge Böden und sumpfige Flußauen sind, ist eine erfolgreiche Fisch- und Bienenzucht zuhause. Mehr noch, aus dieser Gegend stammt der größte Bienenzüchter und Bienenforscher aller Zeiten: Dr. Johannes Dzierzon. Er hat für seine Forschungen diese karge Landschaft auf das Beste genutzt, wie man sehen wird.
Seit alter Zeit kannte man sich hier mit dem Honig aus und hatte in reichlicher Fülle die edelsten Speisefische für die Küche. Wo heute

Czarnowanz/Klosterbrück. Praemonstratenserinnenkloster

die Sportangler an Teichen und Wasserläufen ihre stillen Plätze haben, da verstanden sich schon vor mehr als siebenhundert Jahren die aus dem Westen gekommenen Ordensmänner auf die Kunst des Fischens. Wahrscheinlich hatten sie auch Kenntnisse in der Fischzucht, die gerade in Oberschlesien und Schlesien zu hoher Blüte gelangte. Welche Rolle die Begründung der Klöster in der Ostsiedlung spielten, geht aus ihrer Verbreitung und ihren Aufgaben hervor, die durch Zurückblättern im Geschichtsbuch erhellt werden.

In Oberschlesien erbauten im 13. Jahrhundert und später die verschiedensten Orden ihre Klöster: in Ratibor die Dominikaner, die Bernhardiner und die Kreuzherren, letztere ließen sich auch in Neiße und Kreuzburg nieder, in Grottkau die Augustiner. Im 14. Jahrhundert bauten Augustiner Chorherren in Rosenberg ein Kloster, in Himmelwitz und Rauden zogen Zisterzienser ein, Pauliner Eremiten bauten in Oberglogau ihr Kloster, die Minoriten ließen sich in Czarnowanz und Oppeln nieder, desgleichen die Dominikaner. Neben missionarischen Aufgaben befaßten sich die Klöster mit Bildungsaufgaben oder praktischen Unterweisungen. Bereits im Mittelalter waren in Oberschlesien vier gute Kollegiatsschulen, in Falkenberg – St. Mariä Himmelfahrt, in Oberglogau – hl. Bartholomäus, in Ottmachau – hl. Nikolaus, und in Ratibor – hl. Thomas.

Zur gleichen Zeit hatten sich Stadtpfarrschulen eingerichtet in Neisse, Ziegenhals, Teschen, Ratibor, Patschkau, Beuthen, Grottkau, Oberglogau, Gleiwitz, Krappitz, Schurgast, Peiskretscham, Neustadt, Cosel, Tost, Zülz, Falkenberg, Ottmachau, Groß-Strehlitz und Leobschütz. Wenn man diese Verbreitung betrachtet, dann läßt sich der liebenswerte Spott verstehen, weil die Freitagsfische für so viele fromme Leute nicht ausreichten, mußten sie sich wohl oder übel mit der Fischzucht befassen. Karpfen, Krebse und Teichmuscheln gab es in Hülle und Fülle, deshalb ist wohl der Karpfen von einem oberschlesischen Festtagsmahl nicht wegzudenken.

Mönch beim Freitagsfischen

Vielleicht hat der schlesische Fischerverein der Jahrhundertwende auf manchen Erkenntnissen der Mönche aufgebaut. Die vermehrte Industriealisierung dieser Zeit bescherte übrigens Oberschlesien bereits ein beachtliches Fischsterben, gegen das staatliche Verordnungen erlassen wurden. Als dann die Flüsse wirksam vor Verunreinigungen geschützt wurden, nahm auch der Fischbestand wieder zu. Weiterhin wirkte sich die vom schlesischen Fischerverein rationell betriebene Teichwirtschaft mit künstlicher Fischzucht segensreich aus. Mit staatlicher Hilfe gab er seinen Mitgliedern brauchbare Fischbrut an die Hand und ging gegen einheimische Fischräuber wie Kronentaucher, Fisch-

Ottmachauer Stausee

reiher, Fischotter und Fischadler mit Jagdprämien vor. Auch um gewerbsmäßigen Absatz war der Fischerverein bemüht, der in Niederschlesien mehrere teichwirtschaftliche Versuchsstationen unterhielt.

Forellen, Barsche, Aale, Saiblinge, Karpfen, Schleien, Zander und Äschen waren die bevorzugten Zuchtfische. Wild hielten sich in Flüssen und Teichen zusätzlich noch Karauschen und Weißfische, auch Rotaugen, die von den Räubern Hecht und Stichling stets bedroht waren. In der Oder zogen Störe, Welse und Lachse stromaufwärts; ob sie bis nach Oberschlesien kamen, wird nicht berichtet. Verschiedene Krötenarten, Laubfrösche, Teichmolche und die schön gezeichneten Feuersalamander bewohnten die vergrasten feuchten Ufer, wo sich auch die farbschillernde Ringelnatter manchmal ins seichte Wasser bei den Schilfbeständen gleiten ließ. Storch und Reiher hatten in den Flußauen gute Lebensmöglichkeiten, Kiebitz und Teichhuhn, Regenpfeifer und Rohrdommel, Wasserhühner und Krickenten bevölkerten mit den Stockenten die Teiche, selbst Kormorane will man gesehen haben. Auch Schnepfen und Fasane gehörten dazu.

Wenn man das Rad der Geschichte um eintausend Jahre zurückdreht ist es die Zeit, als Schlesien langsam aus dem Dunkel der Geschichte auftauchte und Polen sich gründete. Erst aus diesen Fakten wird die Ansiedlung der Klöster im Osten verständlich, wie die Ostsiedlung überhaupt. Wenige Jahre vor dem Jahr Eintausend war die Christianisierung und die Ausbreitung der Macht der Bischöfe in vollem Gange. Hauptsächlich von Würzburg, Regensburg und Salzburg aus wurde diese betrieben. Prag kam hinzu. 698 hatte Markgraf Gero mit böhmischer Unterstützung die Elbslawen besiegt und unterworfen, was die deutsche Herrschaft so weit vorschob, daß die »Missionsgebiete« Brandenburg, Merseburg, Zeitz und Meißen dem Erzbistum Magdeburg unterstellt werden konnten. (973).

Zur gleichen Zeit bildete sich nördlich davon eine neue politische Macht. Die Welt erhielt Kunde vom allerersten geschichtlich aufgezeichneten Piasten: er nannte sich Dago-Misika und soll ein Normannensproß gewesen sein. Im Raum Gnesen-Posen schuf er nach nordischem Muster ein politisches Zentrum und dehnte seine Macht auch auf das linke Oderufer aus. Aus den Quedlinburger Annalen ist zu entnehmen, daß Markgraf Gero diesen jungen Staat unterwarf, der dadurch dem Reich gegenüber lehns- und tributpflichtig war. Misika aber galt offiziell als »Freund des Kaisers«, er verheiratete sich 966 mit Dubrowka, der Tochter Boleslaws I. von Böhmen. Ein Jahr später, 967, nahm der kluge Misika für sich und sein Land das Christentum an. Aber erst im 11. Jahrhundert wird der Name POLEN ein erstes Mal öffentlich auftreten. Da Misika ein Freund des deutschen Kaisers war, darf kaum verwundern, daß die ersten Bischöfe des neuen Polen Deutsche waren: Jordan und Unger.

968 gründete Otto der Große gleichzeitig zwei Bistümer: Posen und Magdeburg. Letzterem waren die schon erwähnten Missionsaufgaben zugedacht, die mit großer Härte gegen die heidnischen Länder geführt wurden. Misika hatte durch seine kluge Taktik, für Polen rechtzeitig das Christentum anzunehmen, erreicht, den Bedrohungen des Missionierens nicht mehr ausgesetzt zu sein. Er konnte sich daher in einer Art Sonderstellung über die heidnischen Staaten an Oder und Elbe erheben. Seine Bevorzugung währte nicht lange. 977 verstarb seine böhmische Frau Dubrowka, drei Jahre später verheiratete er sich wieder. Seine Auserwählte war die Tochter des Markgrafen Dietrich von Nordmark. Das entfernte die böhmisch-polnischen Schwäger voneinander. Wohl kämpften sie noch gemeinsam 984-86 an der Seite Heinrich des Zänkers von Bayern gegen Otto III. um die Herrschaft des Reiches, aber schon 990 kämpften sie erbittert gegeneinander um den Besitz von Schlesien! Dago-Misika war sieg-

Czarnowanz/Klosterbrück. Praemonstratenserin

reich, er dehnte seinen Einflussbereich bis an die Bober-Oder-Linie aus. Von da an blieb Schlesien östlich der Lausitzer Neiße und des Queis ein immerwährender Zankapfel zwischen dem alten böhmischen Herrschaftsbereich und dem neuen polnischen.
Boleslaw II. starb 999, durch Thronstreitigkeiten kam Oberschlesien mit dem angrenzenden Krakauerland zu Polen. Dagegen hatte Kaiser Otto III. 995 das schlesische Gebiet links der Oder dem Bischof von Meißen zugesprochen; es kommt im 11. Jahrhundert zur Kirchenprovinz Magdeburg.

Das Jahr Eintausend ist für das junge Polen das wichtigste geschichtliche Jahr: in diesem begibt sich Otto III. auf Pilgerfahrt zum Grab des hl. Adalbert nach Gnesen. Der Polenherzog empfing den hohen Gast an der Landesgrenze bei Eulau am Bober. Unter dem Eindruck sichtbarer Freundschaft verzichtete der fromme Pilger feierlich »auf sein kaiserliches Recht zur Ernennung von Bischöfen »zugunsten« des von ihm zum Bruder und Mitstreiter am Reich und zum Freund und Bundesgenossen des römischen Volkes« ernannten Polenfürsten. Schließlich war das Erzbistum Gnesen errichtet worden mit dem ausdrücklichen Einverständnis des Papstes Sylvester II. in Rom. Es handelte sich um eine sehr freundschaftliche Verbindung, und Otto III. war durch die Gründung des Erzbistums Gnesen auch gleichzeitig der Begründer einer unabhängigen polnischen Nationalkirche.
Diese spielt seit dem Jahr Eintausend bis heute in der politischen Verselbständigung Polens eine wichtige Rolle, was vielleicht manche Vorgänge im 20. Jahrhundert erklärt. Das junge Polen ordnete sich im Jahr Eintausend dem Gesamtreich Ottos III. unter als gleichberechtigter Teil des deutschen Reiches. Auch kirchlich blieb es eng mit den westlichen Glaubensbrüdern verbunden und zog zum Aufbau und zu Klostergründungen überwiegend romanische und deutsche Ordensleute heran, deren

Zuckmantel.
Wallfahrtskirche Maria Hilf

segensreiches Wirken, was kolonisatorische Aufgaben betrifft, noch in die kommenden Jahrhunderte hineinwirkte.
Die Zeiten waren keineswegs friedlich, das Bistum Posen hatte keine festen Diözesangrenzen, was oft zu Streit führte, der Breslauer Bischof war bei seinen Missionnierungsaufgaben nicht gerade erfolgreich, ein Gewirr von Streitigkeiten über böhmische, deutsche und polnische Herrschaftsansprüche, Eroberungskriege um Schlesien brachen über das Land und seine Menschen herein. Manchmal gab es sogar einen Frieden durch Heirat, wie den von Bautzen 1018, als der Polenherzog die Tochter des Markgrafen Ekkehard von Meißen ehelichte. Er hatte sich im Einvernehmen und Hilfe von Boleslaw I. kurzerhand zum König krönen lassen, doch nach seinem Tod brachen große Erbstreitigkeiten aus, und ein heidnischer Aufstand vernichtete fast die ganze bis dahin errichtete Organisation der christlichen Kirche.
Die Mitglieder der regierenden Dynastien flohen nach Deutschland, das aufgebaute Imperium verfiel, aber langsam begann Schlesien aus dem geschichtlichen Dornröschenschlaf zu erwachen.
Nach dem Tod Konrads II. war wieder ein Böhme begierig auf das Land: Břetislaus I. (1028 - 55). Ihm gelang es, Schlesien zu erobern, ja er drang bis Krakau und Gnesen vor. Dort fiel

ihm allerdings nichts Besseres ein, als die Gebeine des hl. Adalbert zu entführen und damit als Beute nach Prag zurückzukehren. Ob ihm diese Reliquien dazu helfen sollten, seinen Traum wahrzumachen – aus Böhmen ein großes, unabhängiges Slawenreich zu gründen, bleibt dahingestellt. Kaiser Heinrich III. (1039 - 56) vereitelte diesen Plan, reagierte aber auf Huldigungen! Denn der Böhmenherzog war klug, er huldigte dem Reich – und wurde reich belohnt: 1041 bekam er für die Huldigung ganz Schlesien zugesprochen. Neun Jahre später wurde es von den Polen zurückerobert – doch blieben die ostsudetischen Pässe böhmisch! Diese Pässe durfte Polen unter Kasimir I. nur gegen jährlich zu zahlenden Tribut nutzen, sodaß dies formell noch immer böhmische Oberhoheit über Schlesien bedeutete. Der Kampf ging weiter, der eine verlangte Tribut, der andere wollte nicht zahlen. Man schrieb das Jahr 1071, Boleslaw galt als bester Parteigänger von Papst Gregor VII., derweil ließ sich der Polenherzog als Zeichen seiner Unabhängigkeit von Rom Weihnachten 1076 in Gnesen vom Erzbischof zum König krönen, und ermordete gleich darauf den Krakauer Bischof Stanislaus in der St. Michaeliskirche. Währenddessen aber zog der deutsche Salierkönig Heinrich IV. nach Canossa, um sich aus dem von Papst Gregor verhängten Kirchenbann zu lösen!

Schlesien hatte zu dieser Zeit keine nennenswerte Bevölkerung. Sie beschränkte sich auf die Besetzung strategischer Punkte und Kastellaneien an Handelwegen, der Zustand des Landes in seiner rauhen Unwegsamkeit lädt kaum zum Bleiben ein, der ständige Wechsel an Zugehörigkeit war auch nicht anziehend.

Bei der Betrachtung dieses geschichtlichen Abrisses, der nur einige zufällige Schlaglichter auf die Geschehnisse warf, wird deutlich, daß mit der Besiedlung deutscher Bauern, Handwerker und Fachleuten mehr beabsichtigt wurde als nur Rodung und Urbarmachung, daß durch die systematische Anlegung von Städten und Dörfern eine gewisse politische Befriedung über das Land kam.

Urbanisierung des Ostens

Zu den schlesischen Urbewohnern zählen die Bienen, die man schon in der Frühzeit in Erdlöchern oder Felsenlöchern hielt, dies gilt als die älteste und primitivste Form der Bienenpflege, während die Waldbienenzucht als eine weiter entwickelte Stufe anzusehen ist. Die Bienenvölker saßen in hohlen Bäumen, wie sie es genügend in den Wäldern gab, der wilde Honig wurde dann aus den Höhlungen geerntet. Die Imker hießen Zeidler, sie waren den Grundherren mit Abgaben dafür verpflichtet, daß sie Honig ernten durften. Honig galt als Zahlungsmittel, besonders an kirchliche Obrigkeiten und Klöster. Oberschlesische Orte werden in der Bestätigungsurkunde eines Benediktinerklosters aus dem Jahre 1105 aufgeführt, »deren Einwohner von jedem Hof jährlich einen Topf Honig an das Kloster zu zinsen hatten«. Honig war der einzige Stoff, den man zum Süßen hatte, aber auch zum Bereiten von Met, den schon die alten Germanen schätzten. Aus Wachs machte man Kerzen, sie wurden täglich im kirchlichen und im alltäglichen Leben gebraucht. Ohne Zweifel spielte der Honig auch in Oberschlesien im klösterlichen Leben eine ähnlich wichtige Rolle wie die Fische.

Durch die Rodungen im Mittelalter, meist zur Anlegung eines Dorfes, ging natürlich auch die Waldbienenzucht zurück und wurde auf die Gartenbienenzucht umgestellt. Dazu fällte man

Kynsburg

die wilden Bienenbäume aus dem Wald, schnitt den Teil heraus, in dem sich ein Bienenvolk angesiedelt hatte und stellte diesen in seinem Garten oder auch in der Nähe des Hauses auf. Daraus haben sich dann die geschnitzten Bienenstöcke entwickelt, von denen die schlesische Volkskunde zu berichten weiß.

In der Bienenzucht ist der sogenannte Bienenvater die wichtigste Person, ja er entwickelt mit der Zeit sogar ein sehr inniges Verhältnis zu seinen Bienen, und diese zu ihm. Einem alten Volksglauben nach mußte jemand den Bienen mitteilen, wenn der Bienenvater verstorben war. Mit Klopfzeichen an den Bienenstock und leises Reden sei den Bienen der Tod mitgeteilt worden und auch, daß sie jetzt einen anderen Bienenvater hätten, der sich ihnen auf diese

Weise vorstellt. Aberglauben oder nicht, diese Sitte hat sich noch bis in unsere Tage erhalten. Ob die Bienen in ihrem Stock nun diese Nachricht verstehen, ist vielleicht nicht wichtig. Eher zeigt es doch die hohe Achtung, mit der der bäuerliche Mensch mit der ihm anvertrauten und verbundenen Kreatur umgeht, der selbst eine Biene zu seinem Haustier macht.
Er folgte damit nur seinem oberschlesischen Bienenpfarrer Johannes Dzierzon, der die Meinung vertrat, »die Biene ist das einzige Haustier

Dr. Johannes Dzierzon

des Menschen geblieben, das nicht zähmbar ist.«
Wer war dieser Mann, der weltweit Aufsehen erregte mit seiner Bienenforschung, der erstmals die Parthenogenese also Jungfernzeugung bei Bienen entdeckte; demnach entwickeln sich aus den unbefruchteten Eiern bei Bienen, Wespen und auch Ameisen Männchen, aus befruchteten Eiern Arbeiterinnen und Königinnen.
Wer war dieser Mann, der diese ungeheuerliche Entdeckung machte und mit seinen Forschungen weltberühmt wurde?
Johannes Dzierzon ist ein Zeitgenosse Gustav Freytags, der aus Kreuzburg stammte, während Dzierzon am 18. Januar 1811 in Lobkowitz im Kreis Kreuzburg zur Welt kam. Seine Eltern waren einfache Bauersleute, schon früh erkannten sie des Sohnes Begabung. Nach dem Besuch der heimatlichen Dorfschule kam der Junge auf eine bessere Stadtschule im benachbarten Pitschen. Im Alter von elf Jahren wechselte der spätere Bienenvater noch einmal die Schule, er besuchte das Matthiasgymnasium in Breslau. Welches Opfer das die in einfachen Verhältnissen lebenden Eltern gekostet haben mag, läßt sich nur erahnen. Der Sohn belohnte ihre Einschränkung mit guten Leistungen, er studierte im Anschluß an das Gymnasium noch an der Breslauer Universität von 1830 bis 1833.

Zunächst studierte er Mathematik, dann aber sattelte er um auf Theologie, in der er seine wirkliche Begabung sah. 1834 feierte Dzierzon in seiner Heimatkirche seine feierliche Primiz, wirkte danach in Schalkowitz Kr. Oppeln als Kaplan, wurde 1835 Pfarrverweser in Karlsmarkt Kr. Bieg. Bis 1869 wirkte er dort als Pfarrer. Nichts deutete daraufhin, daß sich an diesem Werdegang eines Landpfarrers etwas ändern würde. Die oberschlesischen Menschen sind dafür bekannt, gelegentlich ihren eigenen Kopf durchzusetzen, auch sind sie nicht immer so lammfromm, wie sie die Obrigkeit gern hätte. Landpfarrer Dzierzon war so einer. Lebenslang ging es ihm um die Wahrheit in allen Dingen – und so trat dieser oberschlesische Landpfarrer offen in Wort und Schrift gegen die Unfehlbarkeit des Papstes auf. Das konnte nicht gutgehen. Der Streit um seine eigene Meinung, um eines der größten Dogmen der Kirche, hatte seinen Austritt zu Folge. Er wechselte aus der röm.-kath. Kirche in die Altkatholische über, und das nach 49 Jahren in Karlsmarkt! Sein Nachfolger aber verleidete ihm das Leben so sehr, daß Dzierzon in seinen Geburtsort Lobkowitz bei Kreuzburg zurückging.

Noch deutet nichts daraufhin, daß Bienenvater Dzierzon Weltberühmtheit erlangen wird. Vielleicht hat die Liebe zu den Bienen seine Berufswahl bestimmt, Landpfarrer zu werden. In Karlsmarkt hat er sich nebenher eifrig der Bienenzucht gewidmet, war doch sein Vater schon ein begeisteter Imker, der ihm diese lebenslange Liebe dazu ins Herz gelegt haben mag. Der Pfarrgarten in Karlsmarkt wurde bald zu klein, Dzierzon richtete in der Umgebung immer neue Bienenstände ein, um auch die üppige Bienenweide zu nutzen. Etwa ab 1850 trug er den Beinamen »Bienenherzog von Karlsmarkt«. Zu diesem Zeitpunkt hatte er 12 Bienenstände und rund 500 Bienenstöcke. Doch das allein wäre kaum berichtenswert, wenn auch dieser eifrige Umgang mit Bienen als etwas Unerhörtes betrachtet wurde. Aus der Erfahrung als praktischer Imker sprach und schrieb er über Bienenzucht, um auch Unkundigen klarzumachen, welche Bedeutung seine Ideen für die Bienenkunde in der Zukunft haben. Seine Bienenhaltung hatte den sogenannten Stabilbau zur Grundlage, ob Baumstamm, Holzkasten oder Strohkorb, die Gewinnung des Honigs und des Wachses waren reiner Raubbau. Die Gewinnung von beidem war nur möglich, wenn der ganze Bienenstock zerstört wurde. Um das zu verhindern, baute Dzierzon bewegliche Holzstäbchen, die er in die Baue einhängte, und an die die Bienen ihre Waben bauen konnten. Durch diese beweglichen Waben und die später erfundenen Kunstwaben und Honigschleudern konnte die Wirtschaftlichkeit in der Bienenhal-

Teschen

tung entscheidend beeinflußt werden. Dzierzon hatte nun den Ruf eines »europäischen Bienenpfarrers«, der seine neuartigen Bienenwohnungen auf landwirtschaftlichen Ausstellungen in der Öffentlichkeit vorstellte. Als Naturforscher war er bemüht, die großen Geheimnisse eines wunderbaren Bienenstaates zu enträtseln. Mit Hilfe einer andersfarbigen italienischen Bienenrasse gelang es dem schlesischen Bienenvater, die naturkundliche Sensation der ungeschlechtlichen Zeugung einer Bienenkönigin nachzuweisen. Er veröffentlichte viele Schriften, von denen die »Bienenzucht des Dr. Dzierzon« eines der Hauptwerke ist. Imker und Wissenschafler stritten sich um seine Lehren, die sich nicht widerlegen ließen. Er hinterließ ein Forschungswerk, das bis heute einmalig im Bereich der Bienenforschung ist. Er war in der praktischen Bienenpflege der Erfinder der beweglichen Wabe. Mit seinem Stand in Karlsmarkt war es ihm vergönnt, durch Beobachtungen und Versuche jene fleißige und zugleich sanfte italienische Bienenrasse fortzuzüchten und rein zu erhalten. An ihr hat er jahrelang studiert, bis er eines Tages seine Lehre von der Parthenogenesis der Bienen nachweisen konnte. Nach seinen Forschungsergebnissen ist die Bienenköniging die einzige in einem Bienenvolk, die besamte und unbesamte Eier gleichzeitig legen kann. Nur sie allein kann damit das Geschlecht der Bienen bestimmen. Königinnen und Arbeitsbienen schlüpfen aus besamten Eiern, Drohnen aber entwickeln sich aus den unbesamten Eiern!

Natürlich haben bis zum heutigen Tage Wissenschaftler in der ganzen Welt sich mit der von Dr. Dzierzon aufgestellten Regel beschäftigt. Prof. Karl von Frisch ergänzte die Theorie des oberschlesischen Bienenpfarrers dahingehend, daß die Entscheidung allein bei der Bienenkönigin liegt, ob aus dem Ei eine weibliche Biene oder eine Drohne hervorgeht. Die Entscheidung fällt in dem Augenblick, wo das Ei von ihr abgelegt wird. Diese Fähigkeit zu dieser Auslese ist ein biologisches Wunder: die Bienenkönigin kann vier bis fünf Jahre alt werden, aber nur ein einziges Mal vereinigt sie sich mit einem Männchen. Das geschieht auf dem Hochzeitsflug. In einem Bläschen am Hinterleib kann sie den Samen der männlichen Biene, der Drohne, bewahren und nach ihrem Plan befruchtete und unbefruchtete Eier ablegen.

Nachzutragen wären die vielen Ehrungen und Diplome, die Dr. Dzierzon erhielt; 1872 ernannte ihn die Universität München zum Ehrendoktor, seine letzte Reise ging 1903 nach Wien, dort wurde der bereits 92 Jahre alte »Meister aller Meister« dem Kaiser Franz Josef vorgestellt, er war Mitglied der Kaiserlichen Leopoldino-Karolinischen Akademie, des Freien Deutschen Hochstifts für Wissenschaften zu Frankfurt am Main, um nur einige der ehrenden Auszeichnungen zu nennen. Am 26. Oktober 1905 starb er im ehrwürdigen Alter von fast 95 Jahren. In einem Nachruf hieß es: »Es ist sicherlich kein Zufall, daß das »größte Bienengenie, das dermalen lebte und je gelebt hat« ein einfacher Landpfarrer in Schlesien gewesen ist«. Vielleicht erschließt letzthin nur eine ursprüngliche Frömmigkeit dem menschlichen Verstand die Geheimnisse der Schöpfung und die wahren Gesetzmäßigkeiten der Natur.

Sein Heimatdorf Lowkowitz im Kr. Kreuzburg war auch unter dem Namen Bienendorf bekannt, dagegen wurde 1946 die niederschlesische Stadt Reichenbach/Eule ihm zu Ehren von den Polen in »Dzierźoniów« umbenannt.

BARMHERZIGKEIT UND WISSENSCHAFT

Bedeutende Menschen hatten ihre Wiege in Oberschlesien und in der mährisch-schlesischen Nachbarschaft, auch der Nobelpreisträger Professor Otto Stern aus Sohrau. Er bestimmte 1921 die Richtungsquantelung des Kernspins beim Silberatom und erhielt 1943 den Nobelpreis für die von ihm entwickelte Molekularstrahlmethode. Professor Kurt Alder stammt aus Königshütte. 1950 erhielt er diese hohe Auszeichnung für die Entwicklung der Polyamidfaser-Synthese und seine Verdienste um Medikamente von Bayer-Leverkusen. Maria Goeppert-Mayer aus Kattowitz bekam den

Nobelpreis für Kernphysik, sie war Professorin an der Universität of California in San Diego. Konrad Bloch aus Neisse erhielt ein Jahr später, 1964, den Nobelpreis für Medizin, er lehrt als Professor an der Harvard-Universität.

Nicht alle hinterlassen Lebenswerke, rückten derart ins Licht der Weltöffentlichkeit, doch haben auch sie die Welt bewegt. Nicht alle können an dieser Stelle vorgestellt werden, doch vier sehr unterschiedliche Persönlichkeiten mögen für alle unbekannten Beherzten stehen. Ihnen ist gemeinsam, daß dieses oberschlesische Land mit seinen vielfältigen Einflüssen sie in ihrer Kindheit prägte für das spätere Lebenswerk, und auch, daß begüterte Adelige und Industriefamilien mit ihrem Vermögen die ihnen anvertrauten Menschen förderten, und es als ihre vornehmste Pflicht ansahen, Armut zu lindern.

»Mutter Eva« ist eine davon.

Von ihr sind diese Worte:

> »Du brauchst eine Kraft, die größer
> ist als du selbst, die sich selber hinaushebt
> und aus dir einen Menschen macht,
> der imstande ist, den göttlichen Anforderungen und die Aufgaben deines
> Lebens zu erfüllen«.

Mutter Eva, das war Eva v. Tiele-Winckler (31.10.1866 in Miechowitz geboren und 1930

Schloß Moschen

dort verstorben), Tochter des Gruben- und Großgrundbesitzers Hubert von Tiele-Winckler. Die Familie war eine der größten Bergbaufamilien, ihr gesamtes Montanbesitztum ist 1889 in die Kattowitzer AG für Bergbau und Eisenhüttenwerk übergegangen. Sie entwickelte sich zum führendsten Industrieunternehmen in Oberschlesien. Zu ihrem Besitz gehörte das im Tudorstil erbaute Schloß Moschen. Die junge Eva hätte das Leben einer Märchenprinzessin führen können, hätte es nicht in ihrem Elternhaus ein auslösendes Ereignis gegeben: die Mutter speiste in der elterlichen Schloßküche ständig zwölf der ältesten und ärmsten Einwohner

von Miechowitz. Da sah die junge Grafentochter mit an, wie das vom Hunger getriebene Kind eines Trinkers Fortgeschüttetes aus dem Ausguß aß.
Es ist der Augenblick, in dem sie von einer großen Liebe für diese armen Menschen erfaßt wurde, die sie oft Gelegenheit hatte in all ihrem Elend zu sehen, wie in der Hauptstraße Beuthens in der Nähe des elterlichen Geschäftes. Dort spielten sich erschütternde Szenen ab, wenn die Bergleute, noch schwarz von der letzten Schicht, die ganze Löhnung vertranken und lallend in den Rinnstein fielen. Nicht selten bemühten sich die Frauen schimpfend oder weinend, den Betrunkenen heimzuschaffen, die Kinder liefen verängstigt und hohlwangig hinterher. Weil der Hunger so groß war, wurden diese Kinder oft zum Betteln oder gar zum Stehlen auf die Straße geschickt. Nicht alle waren in der glücklichen Lage im Schuppen hinterm Haus die »Bergmannskuh«, eine Ziege, zu haben, die Milch gab.
Die Schwindsucht war neben dem Hunger täglicher Gast bei vielen Bergmannsfamilien. Die Kumpels um die Jahrhundertwende bekämpften ihre Angst vor Staublunge und Lungenkrankheiten mit einem für heutiges Verständnis absonderlichem Mittel: Sie tranken schon frühmorgens »Malzkaffee mit Hundefett«, das sie davor bewahren sollte, oder sie spülten Staub

Eva von Tiele-Winkler

und Angst mit Fusel hinunter. Das Städtchen Katscher im Kreis Leobschütz stand in dem Ruf, viele Hundefänger zu haben, da der etwas abergläubische Bedarf scheinbar groß war.
Eva von Tiele-Winckler ist ein schwieriges Kind gewesen, das sich nicht einmal konfirmieren las-

sen wollte. Eines Tages stieß sie beim Lesen der Bibel auf jene Stelle im Johannes-Evangelium, wo vom guten Hirten die Rede ist. Später hat sie diese Stunde als Erweckung bezeichnet, sie sah den Weg, Menschen zu helfen, deren Unglück sie bereits mitangesehen hatte. Sie begegnet Pastor von Bodelschwingh, läßt sich acht Monate in Bethel ausbilden, kehrt zurück und möchte nach diesem Vorbild in Oberschlesien wirken.

Gegen anfänglichen Widerstand gelingt es ihr, den Vater zu überzeugen, er macht ihr ein Haus zur Armenpflege als Weihnachtsgeschenk. »Friedenshort« wird dieses Haus genannt, der Name bleibt auch als Leitgedanke für Mutter Evas Lebenswerk. Mit Hilfe des mütterlichen Erbteils wird der Friedenshort erweitert, eine Schwesternschaft gegründet. Zuletzt zählte diese 538 Mitglieder, sie haben den Vorzug durch ihre oberschlesische Abstammung, meist zweisprachig zu sein. Das Ziel, Heimatlosen eine Heimat zu geben ist in vielfältiger Weise geschehen, auch wenn die Not allerorten groß bleibt. Am Ende ihres Lebens kehrt sie glücklich wieder ins kleine Miechowitz zurück, zu ihrem Friedenshort.

Viel hat sie von der Welt gesehen und viel bewirkt: 35 Heimaten für Heimatlose sind entstanden, 4 Krankenhäuser, 4 Spielschulen, 6 Waisenhäuser und Kinderheime, 4 Erholungsheime, 3 Rettungsheime und 6 Gemeinschaftspflegen, einschließlich Missionen in China und in Lappland. Die Betreuung von Beuthener Gefängnissen gehören zu diesem Werk, die Gründung des Sternenbundes »Kinder helfen Kindern« (1913). Ihre Hilfe überspringt auch im ersten Weltkrieg die Grenze, Mutter Eva eröffnet in Lodz in Polen ein Kinderheim. Dabei zeigt es sich, wie segensreich die Zweisprachigkeit der oberschlesischen Friedenshortschwestern sein kann.

Bei einer Rückblende auf ihr Leben erzählt sie von einem Festmahl für 90 Bettler und Bettlerinnen, wo alles in kurzer Zeit aufgegessen war – die Beköstigten hatten unter Tüchern verborgen Gefäße mitgebracht und rasch gefüllt, solange etwas Essen da war. Gegen Schluß der Speisung sei eine alte polnische Frau aufgestanden, die zu ihr sagte, sie, Mutter Eva, sei jetzt ihre Mutter, und sie wolle nicht wie früher »Frelitzka« (Fräuleinchen) zu ihr sagen, sondern »Mutterlitzka«. – Das dürfte eine spontane wasserpolnische Wortschöpfung in ihrer herzlichsten Art gewesen sein.

Die Nazis nutzten Mutter Evas Einrichtungen für die NS-Volkswohlfahrt. Sie und die Schwestern wurden im Sommer 1945 ausgewiesen. In einem Bericht von Ulrich Hutter heißt es: »...daß die Gründerin des Miechowitzer Mutterhauses mit Recht als eine der bedeutendsten

Vertreibung

Persönlichkeiten der schlesischen Diakoniegeschichte gesehen werden darf, deren Wurzeln die schlesische Frömmigkeit, die Gedanken der Reformation, der Mystik und des Barock waren, die sie in sich vereinigte und mit einem gelebten Christentum der Tat verband«.

1822 wurde ein bekannter Forscher geboren: Johann Gregor Mendel, der der Menschheit seine »Mendelschen Gesetze«, ein grundlegendes Wissen über die Vererbungstheorie, hinterließ. Weniger geläufig ist die schlesische Herkunft des Forschers aus Heinzendorf im Kuhländchen. Es liegt in dem Teil von Mährisch-Schlesien, das nach den drei Schlesischen Kriegen bei Österreich verblieben war in der Herrschaft Odrau nordöstlich der Mährischen Pforte. Auch bei Mendel fielen seine Begabungen schon sehr früh auf, und daß er sich stets der Naturkunde zuwandte mag neben dem eigenen Interesse auf Lehrer zurückzuführen sein, die im Stillen eine Unterrichtsrichtung fortführten, die eigentlich verboten war.

Gräfin Walpurga Truchseß-Waldburg-Zeil hatte 1792 in ihrem Schloß in Kunewald ein Erziehungsheim gegründet, in dem Jungen und Mädchen aus ihrer Herrschaft ganztägig Unterricht in allen möglichen Fertigkeiten erhielten, vor allem in der Naturgeschichte. Das war etwas völlig Neues, es wurde an keiner Schule gelehrt, und diese Fortschrittlichkeit mit der biologischen Unterweisung war einflußreichen Leuten ein Dorn im Auge, und die gute Ausbildungsstätte mußte geschlossen werden. Aber auf dem Umweg über verschiedene Lehrer, die von der Kunewalder Schule profitiert hatten, kam auch Johannes Gregor Mendel damit später in Berührung. Der Schloßkaplan von Groß-Petersdorf,

Johann Gregor Mendel

dem Heinzendorf zugehörte, war nicht nur Seelsorger, sondern auch ein leidenschaftlicher Obstzüchter. Auch er gab seine Erkenntnisse gern weiter, auch erkannten er und sein Nachfolger die Begabungen des jungen Mendel. Sie konnten die Eltern überzeugen, daß dieser später studieren sollte.

Auch für Mendels Eltern war das ein großes Opfer, doch mit zwölf Jahren kam er an das Troppauer Gymnasium, der Hauptstadt von Österreichisch-Schlesien. 1840 begann er in Olmütz ein Philosophiestudium, doch bald verunglückte sein Vater, die Zuwendungen blieben aus. Mendel schlug sich mit Nachhilfeunterricht mühselig durch, wurde mehrfach krank und mußte die Abschlußprüfung sogar hinausschieben. Hilfe wurde ihm zuteil, weil der Abt des Altbrünner Stiftes geeignete junge Männer für den Ordensberuf suchte, die auch die Möglichkeit hatten, für ihre weitere Ausbildung die Einrichtungen des Stiftes zu nutzen. Mendel wurde aufgenommen, er absolvierte ein Theologiestudium, befaßte sich mit Philosophie, mit Landwirtschaftslehre, Obst- und Weinbau. 1847 wurde er zum Priester geweiht, aber es gelang ihm nicht, ein überzeugender Seelsorger zu werden.

Immer mehr und überall wandte er sich der Naturlehre zu, 1854 begann er mit den jahrelangen, aber entscheidenden Experimenten zu seinen Vererbungsstudien. Darüber hinaus befaßte er sich mit Untersuchungen des Grundwassers und seinen Veränderungen im Zusammenhang mit der Häufung von Typhus- und Choleraerkrankungen. Mendel machte auch meteorologische Untersuchungen und trat sogar 1870 dem Brünner Bienenzüchterverein bei. Er ließ im

Klostergarten das heute noch vorhandene und benutzte große Bienenhaus errichten und machte lange Zeit Beobachtungen und Versuche, aber noch mehr zog es ihn zur Botanik. In achtjährigen Kreuzungsversuchen mit verschiedenen Erbsenrassen entdeckte er die grundlegenden Gesetzmäßigkeiten der Vererbung. Leider blieb ihm die spontane Anerkennung wie vielen anderen versagt, erst nach einer Neuentdeckung seiner Grundlagen nach über vier Jahrzehnten fanden sie eine glänzende Bestätigung durch die Chromosomentheorie. Gregor Mendel war Prior der Augustinereremiten, er starb 1884 in Brünn.

Zwölf Jahre später, am 9. September wird im oberschlesischen Neisse jener berühmte Chirurg geboren, von dem hier berichtet wird: Professor Rudolf Nissen, Sauerbruch-Schüler, nimmt 1931 an der Berliner Charité erstmals die Aufsehen erregende Operation der Entfernung eines ganzen Lungenflügels vor. Nach langen Absprachen mit Sauerbruch und den Eltern des jungen Mädchens – als Elfjährige war es von einem Auto überfahren worden, litt unter schweren Brustkorbquetschungen u. a. – wagte Nissen den Eingriff, der als erster auf diesem Gebiet überhaupt erfolgreich verlief; ein Jahr später wurde die Patientin auf dem Kongreß der Deutschen Gesellschaft für Chirurgie vorge-

Rudolf Nissen

stellt. Das Schlimme ist nur, daß Professor Nissen, er war Jude, wegen der Nazis Heimat und Vaterland verlassen mußte und damit dem deutschen Ärztekreis einer der weltbesten Chirurgen verlorenging.
Bis zu seinem Tod im schweizerischen Basel, 1981, wo er 25 Jahre Leiter der Universitätsklinik war, galt er als einer der größten Chirurgen unserer Zeit. Weltweite Anerkennung war ihm zuteil geworden, schweizerische und deutsche sowie internationale Chirurgische Gesellschaften beriefen ihn zu ihrem Präsidenten. Über dreißig medizinische Organisationen trugen ihm die Ehrenmitgliedschaft an, die Ehrendoktorwürde verliehen ihm die Berliner Humboldt-Universität (1966), die Universität in München

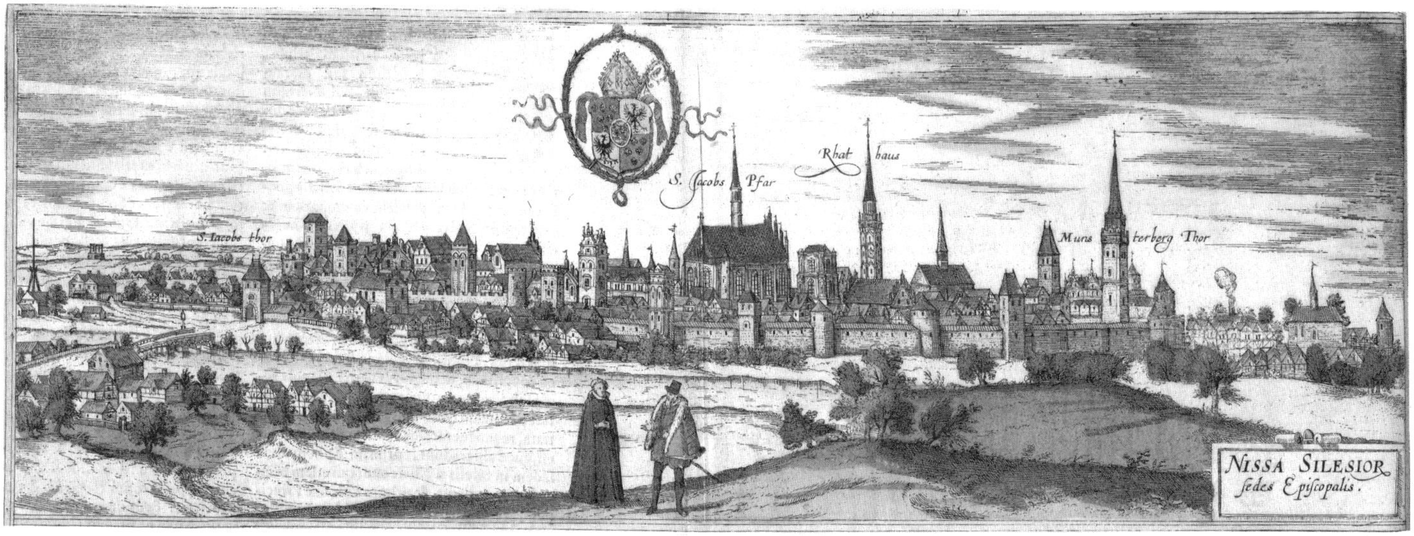

Ansicht von Neisse

(1970) und die Universität in Ankara (1974). Der Deutsche Ärztetag ehrte ihn 1967 mit der Verleihung der Paracelsus-Medaille, und 1975 beim Münchner Chirurgenkongreß wurde ihm mit der Verleihung der Ernst von Bergmann Medaille in Gold die höchste Auszeichnung der deutschen Chirurgenschaft zuteil.
Rudolf Nissen wuchs im heimatlichen Neisse in einem Arzthaus heran, kranke Menschen waren für ihn das Natürlichste der Welt und auch, daß sein Vater diesen Tag und Nacht half. Mitunter durfte er als Knabe den Vater bei Krankenbesuchen begleiten. Eine tiefe, aber ungleiche Freundschaft verband ihn mit des Vaters Kutscher, der seiner großen Kraft wegen auch als Krankenpfleger oder Operationshelfer fungierte.
In einem Gespräch mit Prof. Nissen kurz vor seinem Tod 1981 bekannte er, daß seine starke Bindung an Neisse durch die Hitlerzeit große Einbuße erlitten hat, und daß sich sein Heimatgefühl hauptsächlich auf die eindrücklichen Kinderjahre bezieht. Der Vater hatte eine neue Klinik erbaut, vermummte weiße Gestalten und Kranke auf Tragen in großen Krankenhausgängen sind ihm als eindringliche Erinnerung geblieben, der Operationssaal war direkt über dem Eßzimmer. Der Vater war damals der einzige Chirurg in Neisse und auch im Umkreis von rund zehn Kilometern.

Das Idol der Knabenzeit Rudolf Nissens war – Karl – der bereits erwähnte Kutscher und Klinikhelfer, ein Enakssohn mit ungeheurer Körperkraft. Karl setzte sich mit einem Krach auf die Semmel, bevor er sie aß – um sie flach zu drücken. Als der kleine Rudolf die Art bei Tisch einführen wollte, gab es Umgangsverbot mit Karl. Es nützte nicht viel: die Kunst des abgeguckten Pferdestriegelns probierte der Siebenjährige bei seiner geduldigen Mutter aus und forderte sie dazu freundlich mit Karls Worten auf: »Rum du Aas, auf die andre Seite«!

Diese Art von Nebenbeierziehung wurde mit Verbot belegt. Viele Erinnerungen gingen auf eine schöne Jugendzeit und den Besuch des Neisser Gymnasiums zurück. Mit seiner Heimatstadt verbinden sich weiterhin Namen wie die des Pharmakologen W. Schulemann, des einstigen Direktors des Frankfurter Zoos Prof. Bernhard Grzimek, des Nobelpreisträgers Konrad Bloch und nicht zu vergessen, des berühmten Emin Paschas, der, als er noch das Neisser Gymnasium besuchte, ganz schlicht Eduard Schnitzler hieß.

Jener Emin Pascha war eine historische Figur geworden durch die Teilnahme am Feldzug des Gouverneurs von Sudan, General Gorsons, in dem der 52jährige Neisser Emin Pascha von Sklavenhändlern ermordet worden ist.

Das alles erzählt Prof. Nissen mit einem Lächeln, aber ein Schatten fällt über sein Gesicht als er hinzufügt, Bloch, Emin Pascha und ich waren nichtarischer Abstammung. Und noch einen kleinen, verhutzelten Mann aus Neisse liebte der Arztsohn und bedauerte, daß sie sich im Exil nie begegnet sind: Max-Herrmann-Neisse, der 1941 im Londoner Exil starb; er hatte 1933 mit seiner Frau Deutschland verlassen, obwohl beide keine Juden waren. Max-Herrmann-Neisse war in jungen Jahren der Stolz der Mitschüler, des ganzen Gymnasiums. Sein trauriges Herz blieb immer mit seiner Heimatstadt verbunden.

Der Arzt Rudolf Nissen ging mit seiner Frau 1933 zunächst nach Istanbul, 1939 nach Boston, dann nach New York, wurde immer bekannter durch aufsehenerregende Operationen und Forschungen, bis er 1951 nach Europa heimkehrte, 25 Jahre in Basel wirkte und dort ganz neue Wege in der Anästhesie und Neurochirurgie ging. Als sich sein Leben dem Ende zuneigte, empfingen er und seine Frau in seinem schönen Bettinger Haus am Sonntag Lätare schlesienstämmige Kinder in ihren bunten Trachten, die zum Sommersingen auf den Berg gekommen waren und mit frischen Liedern und Bänder -geschmückten Sommerstekken den Frühling ankündeten. Reichlich flossen die Gaben in die Leinensäckchen der Kinder

und die Fröhlichkeit mag dem großen Arzt, den die Heimat verschmähte, eine Brücke zur eigenen, noch unbekümmerten Neisser Kindheit gebaut haben.
Der vierte im Bunde ist weder Arzt noch Forscher noch hat er im kirchlichen Leben eine bedeutende Rolle gespielt: Gotthard Olearius. Die Spur, die er, der gelernte Verwaltungskaufmann hinterließ, war das Kunststück, keine Spuren zu hinterlassen. Er leistete Widerstand gegen »Euthanasie-Bestrebungen« in Oberschlesien. Als Verwaltungsfachmann wurde er von Breslau aus nach Kattowitz versetzt (Ende 1941 bis April 1943). Es war die Zeit der Tötungen durch Euthanasie. Olearius hatte bereits in Breslau der NSDAP zuwiderlaufende Maßnahmen unterstützt und tat sich damit hervor, sich in scharfe Kontroversen zum Thema Euthanasie einzulassen, besonders mit dem dafür zuständigen Landrat und Gauamtsleiter. Das hatte die Versetzung nach Kattowitz zur Folge, als Landesrat leitete er die Allgemeine Verwaltung. Juristische Prägung alter Schule, zusammen mit einer christlichen Grundhaltung mußten zu Schwierigkeiten mit der NSDAP und ihren Absichten führen, indem er systematisch die Arbeit der Euthanasie-Kommissionen störte oder mit gegenteiligen Anordnungen unterlief. Denn im Zuständigkeitsbereich von Gotthard Olearius waren die oberschlesischen Heil- und

Burg Tost

Pflegeanstalten. Zum Beispiel ordnete er an, daß ohne vorherige Anmeldung bei den Hauptverwaltungen der Anstalten kein Zutritt für die Euthanasie-Kommission erlaubt sei. Er verständigte fernmündlich über die Anreise der Kommissionen, arbeitete mit abwehrbereiten Ärzten, die sich gegen die angeordnete Tötung von Kranken einsetzten, zusammen. In Eile wurden Krankenakten an einen anderen Ort verschickt, durch Euthanasie bedrohte Kranke schnell in eine andere, zur Zeit nicht ausgesuchte Anstalt verlegt.
Gotthard Olearius lebte mehr als gefährlich. Über sein Tun gibt es verständlicherweise keine Aktenunterlagen und keine Zahl der auf diese

Weise geretteten Kranken. Seine couragierten Taten im Oberschlesien der letzten Kriegsjahre kamen nach dem Krieg durch Zeugenaussagen zutage, auch welchen schweren Stand er in Kattowitz der Gestapo gegenüber hatte, einschließlich der Schwierigkeiten mit dem Reichsgesundheitsführer Dr. Leonardo Conti. Der drohenden Verhaftung war er nur durch eine freiwillige Meldung zur Wehrmacht entgangen. Die Wahrheit war eine andere: diese Freiwilligkeit war mehr Unfreiwilligkeit. Der Leiter des Wehrbezirkskommandos Kattowitz, von Trotha, hatte ihm eiligst am 13. April 1943 einen Einberufungsbefehl verschafft.
Die Deutschen der Nazizeit werden heute noch oft gescholten wegen ihres angeblich zu geringen Widerstandes gegen Hitler und seine Schergen. Vielleicht liegt es auch daran, daß einer wie Gotthard Olearius keine Beweisakten am Ort zurücklassen konnte? Er wurde am 22. Oktober 1904 in Breslau geboren und verstarb am 2. Juni 1983 in Oberhaching bei München. Wie die anderen drei oberschlesischen Menschen hat auch er versucht, dem Guten zuliebe über sich hinauszuwachsen. Ihm gelang das Unmögliche: Alle zur Tötung vorgesehenen Kranken wurden gerettet.

OBERSCHLESIENS DUNKELSTES KAPITEL: DIE TEILUNG

Der 1. Weltkrieg war zu Ende, am 9. November 1918 verzichtete Kaiser Wilhelm II. auf seinen Thron, am 11. November war Waffenstillstand und die Gründung der Deutschen Republik.
Der Friedensplan des amerikanischen Präsidenten Wilson umfaßte 14 Punkte, von denen Punkt 13 die Errichtung eines polnischen Staates mit freiem Zugang zum Meer forderte. Deutschland hatte an den Friedensverhandlungen nicht teilnehmen dürfen, die vorsahen, ganz Oberschlesien abzutrennen. Es war zu diesem Zeitpunkt von alliierten Truppen – Franzosen, Engländern, Italienern – besetzt. Das Versailler Friedensdiktat hatte den Anspruch, daß jetzt »eine Aera der Freiheit und Gerechtigkeit einsetzen würde«, nicht zuletzt durch Einsatz der interalliierten Regierungs- und Plebiszitkommission. Der englische Vertreter, Lloyd George, hatte berechtigte Bedenken gegen diese Art von Gerechtigkeit, ihm gelang es gegen den Willen der anderen, eine Volksabstimmung zu verlangen, damit sichergestellt wäre, daß nur Teile mit polnisch sprechender Bevölkerung abgetrennt würden. So geschah es auch. Kreise mit rein deutsch sprechender Bevölkerung wie Neisse, Teile von Neustadt b. Neisse, Falken-

Oberschlesisches Wappen

berg und Grottkau waren von dieser Volksabstimmung abgeschlossen.
Als das Vorhaben der Abstimmung bekannt wurde, setzte ein Terror mit Mord und Totschlag gegen mögliche deutschwählende Oberschlesier ein, dessen Gipfel im Niederbrennen des Dorfes Anhalt im Kreis Pless am 20. August 1920 gesehen werden kann. Auf den Straßen sangen die Kinder: »Ich und du, Korfantys Kuh, Korfantys Esel, der bist du«. Korfanty war einer jener Scharfmacher, der allen, die Polen wählten, eine Kuh versprach, die eine erträgliche wirtschaftliche Situation im neuen Staat garantieren sollte, denn immerhin war ja Oberschlesien im preußischen Staat zu einer wirtschaftlichen Blüte ohne Beispiel aufgestiegen. Aber die Zeit vor der Abstimmung war keine Zeit für Spiele, war die Zeit von Blut und Tränen, voller Ungerechtigkeiten. Die Franzosen, noch in der alten Feindschaft befangen, hatten es schwer mit der unparteiischen Aufsicht. Ohne Volksabstimmung kam das reindeutsche Hultschiner Ländchen an die neugegründete CSR, ein reindeutsches Gebiet Niederschlesiens um Reichenthal kam zu Polen. Schon damals fehlte es Personen, die Entscheidungen zu treffen haben, an Geographie- und Geschichtskenntnissen, die sich als Ungerechtigkeit auswirken und neue Feindschaft heraufbeschwören. Bei dieser demokratisch gedachten Volksabstimmung in Oberschlesien am 20. März 1921 gab es folgendes Ergebnis: 707 554 Personen stimmten für den Verbleib bei Deutschland, 478 820 für den neuen polnischen Staat. Zu beachten ist, daß diese Abstimmung nur in Kreisen mit gemischter Sprache durchgeführt wurde, ohne die vorher genannten reindeutschen Gebiete, von der Sprache her.
Unter Mißachtung des Willens der Bevölkerung wurde dann die Teilung vorgenommen, gestützt auf Artikel 88 des Versailler Vertrages und eine Empfehlung des Völkerbundrates. Dadurch bekam Polen 10 505 qkm mit einer Bevölkerung von 950 000 Personen zugespro-

Tarnowitz. Treppenaufgang im Rathaus

chen mit dem allerdings wichtigsten Teil von Oberschlesiens Großindustrie. Es erhielt:

51	Steinkohlegruben von 63
1875	Koksöfen von 3030
22	Hochöfen von 37
9	Stahl- und Walzwerke von 18
9	Walzwerke von 18
10	Zink- und Bleierzgruben von 15
22	Zink- und Bleihütten von 22
2	Silber- und Bleihütten von 2
5	Zinkblechwalzwerke von 7

außerdem verlangte eine Auflage des Teilungsdekretes, daß Deutschland die ersten drei Jahre lang polnische Kohle aus den abgetrennten ehemals deutschen Gebieten einführen müsse. Zollkrieg und andere schlimme Situationen machten das ehemals blühende Land kaputt. Was diese Teilung menschlich bedeutete, weil sie nicht nur durch Länder, Städte, Betriebe, Bahngleise, Kanäle und Straßen, sondern vor allem auch durch Familien und damit durch die Herzen ging, das muß der Fantasie des Lesers überlassen bleiben. Nur darf das nicht in Vergessenheit geraten, damit es die Enkelgeneration besser machen kann.

Eine besonders tragische Variante der Volksabstimmung Oberschlesiens bedarf hier achtungsvoller Erwähnung: Viele ehemalige jüdische Oberschlesier, die zu dieser Zeit schon in Palästina lebten, verkauften dort ihr Hab und Gut, um mit dem Erlös in die alte Heimat zu reisen und mitabzustimmen. Sie folgten damit dem Beispiel vieler Juden, die zu Anfang des Ersten Weltkrieges in die Heimat zurückgekehrt waren in Solidarität zum Vaterland. Den bösen Spruch von dessen Dankbarkeit mußten sie dafür erleiden. Denn das Geld für die Rückreise nach Palästina und andere Länder fehlte den meisten; sie blieben in Deutschland – und starben später für ihre Treue in Auschwitz und anderen Tötungsanstalten. Dennoch hat einer der Überlebenden, der große Dichter Max Tau aus Beuthen, der bis zu seinem Tod in Oslo lebte, niemals von Haß, sondern von Verstehen und Versöhnung gesprochen und aus seiner Kindheit in Oberschlesien geschrieben, wo es zwischen den Kindern verschiedener Religio-

Schloß Rogau. Arkadenhof

nen keine Feindschaft gab. Er interessierte sich für die Bräuche im katholischen Kirchenleben, oder in der evangelischen Kirche, und seine Freunde erfuhren über ihn was sich in der Synagoge tat. Rückblickend darf zu dieser Zeit nur gesagt werden: Glückliches Oberschlesien. Warum war es dir nicht vergönnt so zu bleiben?
Vor der Volksabstimmung waren die drei polnischen Aufstände und die kriegerische Auseinandersetzung auf dem Annaberg am 21. Mai 1921 mit Freiheitskämpfern die Begleitmusik für die folgenschweren Entscheidungen der Interalliierten. Vielleicht waren ihre Vertreter nicht die geeignetesten, denn sie ahnten wohl nicht, daß ihre Entscheidungen Fundamente für weiteren Unfrieden waren. Die Not dadurch war nach allen Seiten unerträglich, jeder benutzte seine Macht nach Belieben, doch daß noch schlimmere Auswirkungen und Ausschreitungen eingedämmt werden konnten, ist dem ausgleichenden Wirken des schweizerischen Bundespräsidenten Felix Colander zu danken, der der gemischten Commission angehörte.
Fazit: Die Enkelgeneration ist gefragt, für Oberschlesien ein friedvolles Leben aufzubauen, in dem die Oberschlesier ihre Heimat haben. Historiker beider Völker müssen gemeinsam und ohne Emotionen die Ereignisse von damals einordnen als einen Mosaikstein in die europäische Geschichte.

ZEITTAFEL OBERSCHLESIENS

In vorchristl Zeit – 400 – 100 v. Chr. sind durch Funde keltische Siedlungen nachgewiesen.

100 v. Chr.
Germanische Stämme siedeln sich an, Wandilier und Silinger. Von letzteren leitete sich Schlesiens Name ab. Sie verdrängten die Kelten.

400 n. Chr.
Völkerwanderung, die Germanen ziehen teilweise fort, ein Teil kommt bis Britannien, ein anderer erreicht sogar Karthago in Nordafrika, es wurde 439 von den Wandalen erobert.
Die verbliebene Restbevölkerung vermischt sich mit den Slawen die nun in die freien Gebiete einsickern, z. B. die Opolanen und die Golenzizi (im 7. Jahrh. nach Chr.).

Um 1000 Gründung des Bistums Breslau mit seinen Rechten auf große Gebiete Oberschlesiens – der Name Polens erscheint erstmals in der Geschichte.

1200 Die Piastenherzöge holen deutsche Siedler ins Land. Sie kommen aus Franken, Thüringen, Sachsen (Meißen), aus dem Mährischen und aus dem Flämischen. Herzog Heinrich I. hatte sich mit der deutschen Fürstentochter Hedwig von Andechs-Meran (verst. 1243) vermählt und das bewaldete riesige Gebiet Schlesien deutschen Siedlern geöffnet, die dem Land ihre Fortschrittlichkeit im wirtschaftlichen Leben bringen sollen. Von den herbeigerufenen deutschen Siedlern wird die Dreifelderwirtschaft eingeführt.

1202 trennt sich Oberschlesien von Niederschlesien.

1241 Der Mongoleneinfall richtet große Zerstörungen an.

1335 Im Vertrag von Trentschin verzichtete Kasimir III. von Polen für immer auf Schlesien.

1355 Als böhmisches Lehen kommt es mit Böhmen unter Kaiser Karl IV. zu Deutschland, zum hl. Römischen Reich.

1430 Große Verwüstungen durch die Hussiten, von denen sich Oberschlesien nur schwer erholt.

15 Jahrh. Bei Beuthen und Tarnowitz beginnt der Erzabbau.

1526 Schlesien und Oberschlesien kommen zu Österreich.

1653 Die Gegenreformation wird mit großer Härte durchgesetzt.

1742 Infolge der 3 Schlesischen Kriege wird Schlesien zwischen Österreich und Preußen geteilt.

1763 Hubertusburger Frieden.
Neuziehung von Grenzen. Es gibt nun ein Österreichisch-Schlesien und ein Preußisch-Schlesien.

1788 in Tarnowitz steht die erste Dampfmaschine auf dem Kontinent.

1789 Beginn des Baues des Klodnitz-Kanals.

1795 Beginn der industriellen Entwicklung Oberschlesiens.

1846 Erste Bahnverbindung nach Oberschlesien.

1919 Durch den Versailler Vertrag wird Oberschlesien als Ganzes durch Teilungen zerrissen.

1921 Volksabstimmung in Oberschlesien.

1922 Die Teilungen werden rechtskräftig, sie sind kein Gewinn für den Frieden.

1939 Beginn des II. Weltkrieges mit dem Überfall auf den Sender Gleiwitz.

1945 Die sowjetische Armee besetzt Oberschlesien.
Durch Flucht in den letzten Kriegstagen und spätere Vertreibung müssen über eine Million Menschen ihre oberschlesische Heimat verlassen. Ein Viertel davon findet dabei den Tod, ein weiteres Viertel ist verschleppt worden mit unbekanntem Ziel.
Es folgten Jahrzehnte Oberschlesiens unter polnischer Verwaltung und die heutigen Ostverträge, zunächst mit Westdeutschland und inzwischen mit Gesamtdeutschland (1991).

EIN OBERSCHLESISCHES MÄRCHEN

Es klang schon mehrfach durch, wie sehr die führenden Familien und Magnaten mit ihrem großen Vermögen sich als Pioniere betätigten und mit oder in der Nachfolge des großen Berghauptmannes Graf von Reden das Land zu wirtschaftlicher Blüte brachten.
Alles war möglich, ähnlich wie in Amerika.
Man schrieb das Jahr 1830, der Bergmannssohn Karl Godulla war wegen seiner Tüchtigkeit in der Graf Ballestremschen Güterverwaltung zum Forst- und Hüttenverwalter aufgestiegen. Er stammte aus Makoschau. Von einer Räuberbande wurde er zum Krüppel geschlagen und sah sich am Ende seiner Laufbahn, er wurde schwermütig. Doch seine Leistungen waren Graf Ballestrem viel wert, er half Godulla eine neue Existenz zu gründen. Godulla kaufte von erspartem Geld kleine Abfallhalden von Zink- und Eisenhütten und wertete sie aus. Er arbeitete niemals mit Krediten, bezahlte seine Arbeiter oft mit Lebensmitteln, um so den Unterhalt deren Familien zu sichern. Diese Art der Löhnung war fortschrittlich und wirksam, niemals hat Graf Ballestrem seinen begabten Mitarbeiter fortgelassen, er wirkte zeit seines Lebens dort neben eigenem Werk als »Zentralinspektor«.

Beuthen. Hohenzollerngrube

Als Godulla auf einer Geschäftsreise den Tod fand, lernte Oberschlesien erst den wahren, bescheidenen und klugen Godulla kennen: er war unverheiratet geblieben, hatte aber in seinem Testament ein verwaistes Bergmannskind aus Ruda zu seiner Universalerbin gemacht. Sie hieß Johanna Grycik. Auch sie wurde später ähnlich wie Eva Tiele-Winckler eine große Wohltäterin ihrer Heimat. Das heranwachsende Waisenkind aus Ruda verheiratete sich mit Ulrich Graf Schaffgotsch, der mit zu den großen Wirtschaftsführern des Landes gehörte. Sie half wo sie konnte mit dem ererbten Vermögen des Karl Godulla, dankbar nannten sie die Oberschlesier »Gräfin Johanna«. Nach ihr wurde Deutschlands größte Steinkohlengrube benannt. Das aber war nur eine Seite. Sie und ihr Gemahl verstanden es, ererbtes und vorhandenes Vermögen sinnvoll in den verschiedensten Werken anzulegen, damit die Menschen in dem großen Kohlenrevier Arbeit und Brot hatten. Dr. jur. Bernhard Stephan, ein kluger Berater des Godulla-Schaffgotschen Vermögens, war gleichzeitig auch Reichtagsabgeordneter und Vorsitzender des Berg- und Hüttenmännischen Vereins Oberschlesiens, Franz Graf von Ballestrem, der als Begründer des gleichnamigen Konzerns in die Wirtschaftsgeschichte einging, war Präsident des Deutschen Reichstages.

Niemand hat damals voraussehen können, daß sich der wirtschaftliche Segen des Landes einmal gegen sich selbst wenden wird mit Umweltschäden größten Ausmaßes. Diese Schäden einzudämmen und die Narben davon behutsam zu beseitigen, wird die vordringlichste Aufgabe der Gegenwart und Zukunft sein, die aber nur zu bewältigen ist, wenn man sich über Ländergren-

Industrielandschaft bei Rybnik

zen hinweg die Hand reicht und die Aufgabe gemeinsam angeht. Saurer Regen und durch Schadstoffe angereicherte Luft halten sich nicht an Landesgrenzen. Hier hat die Mährische Pforte als Eingangstor und als Weg in andere Länder ihre Bedeutung verloren.

FAYENCEN, EISENKUNSTGUSS UND PORZELLAN

Oberschlesische Fayencen und Eisenkunstguß gehen auf die Bemühungen Friedrichs des Großen zurück, in seinen neuerworbenen schlesischen Provinzen Manufakturen aller Art anzulegen, die Preußen in die Lage versetzen sollten, unabhängiger von ausländischen Einfuhren dieser Waren zu werden.

Die Fayencenmode nahm Anfang des 18. Jahrhunderts ihren Ausgang in Holland, weshalb in Deutschland rasch viele Werkstätten eingerichtet wurden, was für Oberschlesien sehr wichtig war. Seit dem 17. Jahrhundert war Niederschlesien führend in Steinzeuggeschirren, während Oberschlesien höchstens einige unbedeutende bäuerliche Töpferwaren hervorgebracht hatte. Das änderte sich mit den Fayencen schlagartig. Durch entsprechende staatliche Untersuchungen stellte sich heraus, daß auch in Oberschlesien einige gute, für die Fayencenherstellung benötigte Tonlager vorhanden waren.
Als erstes wäre da die Tonwaren- und Pfeifenfabrikation im Kreis Lublinitz im östlichen Grenzland zu nennen. Die Besitzer der Tongru-

Proskau

ben waren die Grafen von Garnier auf Lublinitz, die 1753 das Privileg erhalten hatten Tabakpfeifen herzustellen bei dem Dorf Zaborze. Doch sehr bald ist man von den Pfeifenköpfen abgekommen, vermutlich weil doch eine beträchtliche Kunstfertigung dazu gehörte. Die Form der Pfeife mußte erst auf gut schlesisch »gewulgert« werden, geknetet, mit einer entsprechenden Verdickung versehen, durch die mit Hilfe eines dünnen Drahtes die Röhre durchbohrt wurde. Mit einem Messer entfernte man die sogenannten Nähte, mit dem Nachschenker arbeitete man den Stiel, für den Zierat gab es Ringeleisen, mit der »Wiege« wurde dann das Krängel gesetzt und als letztes das Fabrikzeichen aufgedruckt. Mit Achaten sind die Pfeifenköpfe poliert worden, um erst dann in große Lager geschichtet und in Brennkästen geordnet zu werden. Ein Brennsatz bestand aus 24 Brennkästen, sie wurden 14 Stunden im Ofen gebrannt, was drei Klafter Holz verschlang. Eine ganze Kiste Pfeifen für den blauen Dunst kostete 13 Reichstaler und außerdem 37 an Zollgebühren. Von diesen oberschlesischen Pfeifenköpfen hatten sich leider nur noch einige Stücke in Beuthen finden lassen, die in die Sammlung Simon Macha gehören.

Es ist anzunehmen, daß Graf Garnier auf Lublinitz gleichzeitig auch mit der Pfeifenherstellung das Privileg für Fayencen erhalten hat. Schon 1766 geht die Fabrik in andere Hände über, ein Hauptmann von Klöden erbittet mit einer Eingabe an den König, ihm die Fabrik zu übertragen. Die Fabrik wird in das Dorf Glienitz nahe der Kreisgrenze und der Straße nach Rosenberg verlegt, geht bereits am 6. März 1767 über in den Besitz der Gräfin Anna Barbara von Gaschin geb. von Garnier auf Turawa und Lublinitz. Sie erhielt dieses Privileg vom König erst einmal für zwanzig Jahre, die notwendigen Geräte und Utensilien für die Fayencenherstellung lieferte die Königliche Porzellanmanufaktur in Berlin.

Obwohl Proskau die bekanntere Manufaktur in Oberschlesien ist, hat Glienitz den Ruf, die künstlerisch besser gestalteten Stücke hergestellt zu haben, weil es sich meist um Einzelstücke handelte. Daß Glienitz schließlich fast ganz an Bedeutung verloren hat darf damit zusammenhängen, daß frühere Angestellte der Manufaktur sich selbständig machten und in dem nahen Wiersbi zusammen die Fabrikation von Fayencen aufnahmen. Gräfin Gaschin erhebt erfolglos Einspruch, doch die drei Abtrünnigen haben kein Glück und mußten schon nach wenigen Jahren aufgeben. Von den dreien, Zapleta, Müller und Fialla, ist der letzte bereits 1783 als Fayencenmaler in Proskau nachgewiesen. Die Zeichnung der Glienitzer Stücke ist blau oder lila unter der Glasur und weist ein

Vase aus Proskau

oder zwei GG auf, was eventuell auf »Gaschin-Glienitz« deutet.
Die Proskauer Fayencenfabrik geht auf Graf Leopold von Proskau, dem die gleichnamige Herrschaft unweit von Oppeln gehörte, zurück. Ermuntert von Friedrich dem Großen gründete er in Proskau 1763 eine Fabrik und holt sich zur Einrichtung erste Mitarbeiter aus dem böhmischen Hollitsch, einer ehemaligen ungarischen Majolikafabrik. Sieben Jahre später wird der Graf von Proskau feierlich mit einem Schreiben des Ministers für Schlesien, Graf von Schlabrendorf, für den Aufbau dieser florierenden Werkes gelobt.
Aber diese Jahre waren ja auch eine sehr ehrenrührige Zeit, der Graf von Proskau verliert sein Leben in einem Duell. Es folgten eine unruhige Zeit, Fürst und Majoratsherr Carl Max von Dietrichstein auf Nikolsburg übernahm die Manufaktur, ließ sie aber durch Hofrat von Sonnenfels führen, gab die Verantwortung an die Dietrichsteiner zurück und dann ging es wieder aufwärts. Er gewann eine Reihe von guten Modelleuren, unter den Malern befanden sich Namen wie Hänel und Elias Bauer, Joh. Schirrmack, Mathias Domagalla, Bartel, Reiner, Heysing, und auch einige polnische Maler von jenseits der Grenze. Carl von Dietrichstein, der nunmehrige Besitzer (1779) der Manufaktur wollte diese nach seinem Besitz in Weißkirchen, im Mährischen verlegen, er erreichte es 1783 und nahm auch Fachleute mit. Diese nur wenige Jahre bestehende Fabrikation wurde mit »DW.« in Mangan-Violett gezeichnet. Friedrich der Große griff selbst ein und erwarb die Herrschaft Proskau samt Fabrik. Joh. Gottlieb Leopold setzte er erst zum Verwalter ein, dann verpachtete er sie an ihn. Aber gegen die Jahrhundertwende hörte die Fayencenfabrikation auf und durch laufenden Besitzwechsel war 1805 das Aus gekommen. Proskau signierte mit einem blauen gedruckten »P« in der Unterglasur, beim Steingut allerdings mit »Pr«. Proskaus Ruf war weit über die Landesgrenzen gedrungen, seine Produktion läßt sich in vier verschiedene Perioden einteilen:

Hindenburg

Unter Graf Leopold von Proskau 1763-69, Zeichnung »P« ähnelten die Erzeugnisse den bei Hannong in Straßburg hergestellten sehr, auch denen aus Hollitsch. Der Graf hatte sich dort die ersten Fachleute kommen lassen. In der zweiten Periode wurden überwiegend figürliche Plastiken modelliert, aber auch Terrinen mit zwei seitlichen Henkeln, mehrfach geschweift mit runden und ovalen Formen. Typisch für diese Zeit ist die Bemalung mit einer weiterblühten Nelke und großen Blumen. Aber auch Tulpen, Glockenblumen und Wiesenblumen verschiedenster Art, es finden sich Deckel auf Gefäßen, die plastische Blumen aufgearbeitet haben. Die Farbenfreude in der Bemalung mit Kaminrot, Blaugrün, Grasgrün und leuchtendem Geld, auch Eisenrot und Hellblau ist vielleicht nicht nur dem Zeitgeschmack, sondern auch der Mentalität der Menschen dort angepaßt. Den Namen nach waren die Proskauer Meister aus der Gegend. Neben Pastetentöpfen nach Straßburger Vorbild, wurde auch dem großen Bedarf im Lande an Heiligenfiguren, Kruzifixen, Leuchterengeln, Weihwasserbecken, Putten, Nonnen und Mönchen Rechnung getragen. Beliebt waren auch Figuren aus der griechischen Sage, Götter und Halbgötter, Allegorien, dazu Volkstypen und Tierfiguren. In den beiden weiteren Perioden entwickelten sich diese Figuren weiter, aber auch komplette Geschirre kamen dazu, meist Aufträge aus fürstlichen Familien und im Stil Louis XVI.

Vor dem ersten Weltkrieg waren die Proskauer Sammlerstücke so gefragt, daß man sie in verschiedenen deutschen Werkstätten fälschte, desgleichen bei Samson in Paris, die von Delft an alles kopierten was ging. Daß Proskauer Fayencen heute einen sehr großen Wert haben,

Cosel. Umschlaghafen

sofern es sich um alte Stücke handelt, bedarf keiner Betonung. Sehr schöne Stücke hatte das einstige Kunstgewerbemuseum in Danzig, verschiedene schlesische Museen, das Deutsche Museum in Nürnberg u. a. 1967 ist bei Sotheby in London anläßlich einer Auktion ein 26 cm hohes Trinkgefäß aus Proskau angeboten worden. Es stammte aus der Zeit von 1770/80. Das Trinkgefäß hatte die Form eines Affen, dessen Kopf abnehmbar war. Proskau machte Oberschlesien bis heute weit über seine Grenzen hinaus bekannt.

Mit dem oberschlesischen Eisenkunstguß ist es ähnlich. Kamin- und Ofenplatten aus kunstvollem Eisenguß kannte man in Deutschland seit dem 15. Jahrhundert. Doch erst im ausgehenden 18. Jahrhundert traten zwei Eisengießereien damit hervor: die im schwäbischen Wasseralfingen und die aus Lauchhammer in Sachsen, aber weniger mit Ofenplatten als mit Medaillen, Gemmen und anderen Schmucksachen und vielerlei kunstvollen Geräten. Preußen führte diese Erzeugnisse für viel Geld aus dem Ausland ein, hatte einen großen Bedarf daran, sodaß es auf der Hand lag zu überlegen, wo man das im eigenen Lande herstellen könnte?

Der preußische Berghauptmann Graf von Reden, der Oberschlesien sozusagen ins neue Industriezeitalter stieß, ließ 1798 eine Abteilung für Eisenkunstguß an der Gleiwitzer Hütte einrichten. Sie sollte dem großen Bedarf an Gem-

Plakette der Kunsteisengießerei in Gleiwitz (1855)

Schmuckteller-Entwurf von Schinkel
(Gleiwitzer Kunstgießerei)

men, Schmucksachen und vor allem vaterländischen Medaillen abhelfen, was auch auf das Beste gelang. Zunächst kamen die Modelle dafür von auswärts, von dem Berliner Goldschmied Moritz Geiß und dem Hofgoldschmied Hossauer, die silberne Vorlagen lieferten. Einer der berühmtesten Modelleure jener Zeit war ein gewisser Leonhard Posch, der für die Bildnis-Medaillons Wachsvorlagen formte. Um den hohen Stand des Eisenkunstgusses zu halten, waren die Modelleure oder Modellmeister als Beamte der Gleiwitzer Hütte angestellt worden. Sie hatten Anfertigung und Ausführung zu überwachen und stellten auch selbst wertvolle Modelle her. Zwei Namen verbinden sich damit: Friedrich Ludwig Beyerhaus und Stilarsky.

Auch entstanden in Gleiwitz rundplastische Eisenkunstgüsse, berühmte deutsche Bildhauer hinterließen der Nachwelt ihre Werke: Kalide, von Schadow, Tieck und Rauch, nicht zu vergessen Schinkel, der preußische Oberlandesbaudirektor, er entwarf den sicher bekanntesten Schmuckteller aus Eisenkunstguß. Das wohl berühmteste Erzeugnis der Gleiwitzer Hütte dürfte das 1813 gestiftete Eiserne Kreuz gewesen sein, das ja auch bis in die jüngste deutsche Gegenwart als Auszeichnung verliehen wurde. 1829 bekam der oberschlesische Eisenkunstguß Konkurrenz durch Bronze- und Zinkguß, doch um die Jahrhundertwende erfolgte eine Erneuerung, der der Ausbruch des Ersten Weltkrieges eine Einstellung brachte. 1920 wurde eine Neubelebung versucht.

Die Reiterstandbilder, angefangen von Friedrich dem Großen über den Großen Kurfürsten und Napoleon kosteten aus Eisen von 315,— bis 635,— Mark. Bei den Statuen, meist 42 oder 28,5 cm hoch, überwogen Kaiser, Könige und Feldherrn, aber auch eine Bergmannsfigur, ein Fechter und ein Roßbändiger wagten sich dazwischen. Bei den Büsten kamen dann schon Luther, Melanchthon, Goethe und Schiller dazu, Humboldt und Blücher, Alexandra von Russland. Bilder, Medaillons und Plaketten dürften die interessantesten Darstellungen sein, zum Beispiel von Leonhard Posch »Das Abendmahl« nach Leonardo da Vinci, desgleichen »12 Jünger Christi«. Neben Graf von Reden, dem verdienten Berghauptmann, hat es von großen Oberschlesiern lediglich Joseph von Eichendorff geschafft, in die erlauchte Medaillenrunde zu kommen, während Napoleon I. gleich fünfmal angeboten wird.

Beim Tillowitzer Porzellan spielt Friedrich der Große keine Rolle. Wegen des örtlich gefundenen Raseneisenerzes wurde zunächst von 1700 bis 1723 ein Eisenhammer betrieben mit einem Hochofen und zwei Frischfeuern, in der Gemarkung Asche, später Theresienhütte genannt. Betreiber war Graf Johann Carl Praschma. Die Theresienhütte stellte im ausgehenden 19. Jahrhundert auch Eisenkunstguß, Draht, Bleche und Maschinen her und hatte 200 Beschäftigte. Graf Praschma erweiterte die Werksanlagen um 1800 um eine Tonwarenfabrik, die sich nicht lohnte und bald ihren Betrieb einstellte. Die Anlagen gingen 1905 an die Familie Erhard Schlegelmilch über. Seit 1889 betrieben die Schlegelmilchs in Tillowitz eine Porzellanfabrik, die auch im Ausland einen guten Ruf hatte. Die Fabrik hatte einen ausgedehnten Gebäudekomplex und beschäftigte vor dem Kriegsende 1945 über 800 Personen.

Obwohl bei Schlegelmilch Kaffee-, Tee- und Tafelgeschirre neben Geschenkartikeln wie Dosen, Sammeltassen, Schalen und Vasen hergestellt wurden, die auch heute noch Sammlerherzen höher schlagen lassen, so war es doch eher Gebrauchsporzellan, das einen Haushalt zierte, aber nicht den Anspruch hatte, so erlesen zu sein wie die Königliche Manufaktur in Berlin oder andere Adressen edlen Porzellans. Formen von Tassen, Tellern und Kannen entsprachen dem Zeitgeschmack, was auch für die Ausmalung zutrifft mit schönen künstlerischen Dekors und für die Farbharmonie. Tillowitz lieferte für Hotels, Pensionen und Restaurationsbetriebe in solider Qualität. Als Geschirr auf dem sonntäglichen Familientisch verbreitete »das Gute« einbescheiden erhobenes Gefühl »über das Baumwollne der Wochentage« (einfaches Tongeschirr).

Die Porzellanfabrik Schlegelmilch in Tillowitz ist 1945 stark beschädigt worden. Wurde danach aber wieder teilweise aufgebaut und die Produktion in bescheidenerem Umfang fortgesetzt.

Als letztes muß hier noch die schlesische Klöppelspitze genannt werden, die in Oberschlesien einige Standorte hatte wie in Niederschlesien, dem Land der Leineweber, die Nadelspitze nach Brüsseler Vorbild.

Der Beginn der schlesischen und oberschlesischen Spitzenindustrie fällt mit der Zeit des

Bauernmädchen aus Neuland bei Neisse

Hubertusburger Friedens 1763 zusammen. Zusammen mit seinem Minister von Schlabrendorff versuchte Friedrich der Große, ein neues Wirtschaftssystem aufzubauen. Frankreich war das Vorbild in vielerlei Hinsicht. Zu diesem Ziel sollte der Aufbau kleinerer Industrien und Gewerbebetriebe an Ort und Stelle helfen, wie auch die Erschwerung ausländischer Einfuhren. Diese Entwicklung zeigte sich schon bei den Proskauer Fayencen und dem Eisenkunstguß von Gleiwitz. Zwirn- und Garnfabriken wurden neu eingerichtet, man wollte ja vom Ausland unabhängig sein. Auch Garne für türkische Tücher, welche sehr gefragt waren und noch bis in dieses Jahrhundert als riesige Umschlagtücher zur Tracht im Raum Neisse gehörten, wurden hergestellt. Die Klöster mußten auf Geheiß von Schlabrendorff die sogenannten »Annaberger Spitzen« herstellen. Gemeint waren Klöppelspitzen. In diesen klösterlichen Spitzenfabriken war man nicht zimperlich, Kinderarbeit war selbstverständlich. Sie waren die ganz jungen Lehrlinge der Nonnen, die selbst klöppelten, und die Kinder in dieser müheseligen Technik unterwiesen. Gisela Graff-Höfgen hat dieses in ihrem Buch über schlesische Spitzen sehr gut geschildert.

Bis um das Jahr 1800 fertigten die Czarnowanzer Nonnen an neun Klöppelkissen ihre berühmt gewordenen Spitzen. Im Kreis Leobschütz hatten Troppauer Nonnen eine Zwirn- und Kantenfabrik angelegt. Sie wurde aufgegeben, als das Stift Hochkretscham im Kreis Leobschütz seine preußischen Güter verkaufte. Im Oppelner Kloster hörte die Fabrikation 1769 auf, in Ratibor 1772, in Hultschin, in Mährisch-Schlesien, bestand noch eine Spitzenfabrik bis 1806. Natürlich beschränkte sich die Spitzenherstellung nicht nur auf Klosterschulen. In Ujest Kr. Groß-Strehlitz gab es eine Spitzenfabrikation bis 1806, eine sehr bekannte war wieder in Österreichisch-Schlesien, in Hotzenplotz, das heute den tschechischen Namen Osoblaha hat. Da bezahlte die Regierung sogar eine Lehrerin – und die Spitzen wurden überwiegend nach Preußen verkauft. Eine sehr gute Spitzenschule war in Nikolai Kr. Pless eingerichtet worden, und es war eine Ehre für die Mädchen dort zu klöppeln, während Pilgersdorf im Kr. Leobschütz weniger bekannt wurde.

Der Ort Zülz im Kr. Neustadt, an der Biala gelegen, die dort Zülzer Wasser hieß, hat eine Sonderrolle innerhalb der oberschlesischen Spitzenherstellung. Obwohl 1786 dort eine Spitzenfabrik gegründet wurde, war das eigentlich keine Neugründung. In Zülz lebte eine große Judenschaft, die unter dem besonderen Schutz der Grafen von Proskau standen. Die Juden waren vorher in Neiße ansässig, doch bei der böhmisch-schlesischen Judenvertreibung des ausgehenden 16. Jahrhunderts fanden sie in Zülz Aufnahme. Zülz war 1633 fast ganz ausgestorben durch die Pest. Die Juden erhielten dank des Eintretens der Proskauer Grafen ein Schutz- und Handelsprivileg des Kaisers. Dieses hatte sogar ein Anwachsen der Zülzer Judenschaft zur Folge, die manchmal die christlichen Einwohner an der Zahl übertrafen (1782: 961 Christen, 1061 Juden). Zülz wurde auch Judenzülz genannt, nannte sich hebräisch »Makom Zadik«

Graf Karl Georg Heinrich von Hoym

(Ort des Gerechten). In Zülz sollte schon seit undenklicher Zeit eine Spitzenfabrik von der dortigen Judenschaft betrieben worden sein mit 122 Arbeiterinnen im Jahre 1773. Sie stellten jährlich 3600 Ellen Spitze her! Schlabrendorffs Nachfolger, Graf Karl George Heinrich von

Hoym, ab 1770 dirigierender Minister von Schlesien, hatte die Aufgabe, Siedlungen in Oberschlesiens Waldgebieten anzulegen. So kam es, daß er eben auch viel zu inspizieren hatte und nach Zülz kam. Dort bemerkte er im Jahre 1798, »daß in Zülz fast alle Weibleute Spitzen verfertigten, aber nur schlechte«.
Durch die karitative Arbeit der Vaterländischen Frauenvereine wurde um 1880 in Oberschlesien auch die Spitzen- und Knopfhäkelei als Heimarbeit eingeführt in den Kreisen Falkenberg, Gleiwitz, Kattowitz, Cosel, Kreuzburg, Neustadt, Neisse, Ratibor und Rybnik mit einigen tausend Arbeiterinnen (1890 = 3300) bei den verschiedensten Häkeltechniken, Filet-Irish-Guipüre für die Gardinenherstellung.
Zusammengefaßt darf gesagt werden, daß mit der preußischen Zeit in Oberschlesien die Neuzeit eingeläutet wurde mit dem Versuch, auch Menschen in ländlichen Gebieten ein bescheidenes Auskommen und Bildungsmöglichkeiten zu geben. Natürlich nicht ganz uneigennützig, weil man ja vom Ausland unabhängig werden wollte auf verschiedenen Gebieten.
Ob es stimmt, daß Minister Schlabrendorff einmal Mißtrauen gegen die Zuverlässigkeit katholischer Beamter geäußert hat und deshalb bemüht war, preußische, evangelische Beamte nach Oberschlesien versetzen zu lassen, sei dahingestellt. Es darf aber angenommen werden, daß die wenigsten – sofern sie keine Pioniernaturen waren – über ihre Versetzung »fern von gebildeten Menschen an den Grenzen des Reichs« glücklich gewesen sein sollen. Auf diese Weise entstand das Kuriosum, daß ganz weit hinterm Wald, in Zawadski an der polnischen Grenze zum früheren Ostoberschlesien, nach Einrichtungen von Hüttenwerken und Heran-

Bäuerin aus dem Ratiborer Land

holung deutscher Fachleute im Bergbau, plötzlich eine evangelische Diasporagemeinde entstand und auf schwierige Art und Weise aus großer Entfernung seelsorgerisch versorgt werden mußte. Die Eltern richteten für ihre protestantischen Kinder eine selbst finanzierte Privatschule ein, und bis ein eigenes Kirchlein erbaut werden konnte, war Kontakt und Hilfe mit dem örtlichen katholischen Pfarrer nicht schlecht.
Zawadski, weit hinter den Malapanewäldern, mag mit zum naturgewachsenen Grenzwall, der Preseka, gehört haben, mit ihren undurchdringlichen Wäldern, strauch- und dornenverwachsen, der den Slawen der Frühzeit das war, was den Römern der Limes ist. Wer dorthin als Siedler geholt wurde, der mußte sich aufs Roden und das führen des Eisenpfluges verstehen. Zawadski, eine neuere Siedlung, zweisprachig, zwei Religionen.

Pflügender Bauer

Das friedliche bescheidene Aufwärtsstreben war für den Ort und seine nahe Nachbarschaft nach dem ersten Weltkrieg zu Ende. Der katholische Pfarrer Keltsch hatte über eine lange Zeit nationalpolnische Ideen verbreitet, nach 1918 erwachte an vielen Stellen in Oberschlesien der Wunsch, zu Polen zu gehören. Phantastische Hoffnungen wurden geweckt, nicht zuletzt durch Korfanty, der allen, die sich für Polen entschieden, eine Kuh versprach, die berühmte Korfanty-Kuh. Sie ist Sinnbild für Blut und Tränen, 1919 ist der erste Polenaufstand, am 25. August 1920 der zweite, am 3. Mai 1921 der dritte. Die oberschlesische Volksabstimmung war für Sonntag, den 20. März 1921 angesetzt. Es sollte darüber entschieden werden, ob Oberschlesien als Ganzes zu Deutschland oder zu Polen gehören sollte. Vikar Schepky, der im nahen Ort Kruppamühle regelmäßig Bibelstunde hielt, mußte noch neben dem Kutscher einen Mann mit einem geladenen Gewehr dabeihaben – damit ist vielleicht am besten beschrieben, wie sich dort hinter den großen Wäldern alles verändert hatte. Bei der Abstimmung, namentlich im Industriegebiet, in den großen Städten, wurden 3/4 und mehr Stim-

men für den Verbleib bei Deutschland abgegeben, was Abtretung und Teilung nicht verhinderte. Im Umkreis und in Zawadski waren für Polen 1150 Stimmen und nur 778 für Deutschland abgegeben worden. Das ließe sich auch als eine katholisch-evangelische Abstimmung einfügen.
Oberschlesien hat viele Gesichter, manche traten erst bei der Volksabstimmung zu Tage. Darüber ausführlich zu berichten, hieße den Rahmen dieses Buches sprengen. Alte Wunden, geschlagen mit Ungerechtigkeit, würden wieder aufbrechen. Aber die Menschen in diesem Land, vor und hinter der Grenze, die werden auch in hundert Jahren noch Nachbarn sein. Damit die jungen Generationen eine gemeinsame gute Zukunft haben, sollten die Älteren, aus Zawadski und anderswo, sich gegenseitig vergeben.

... TOUJOUR – ZUR – SCHUR = DSCHUR

Die Auflösung dieses Wortspiels ist ein oberschlesisches Nationalgericht: Schur, oder Dschur, ganz weich, fast französisch ausgesprochen, und das für eine herzhafte saure Suppe, die kaum etwas für französische Gourmets wäre – es sei denn, Liebe ist im Spiel. Um den

Roßberger Bäuerin

Namen ranken sich allerhand Geschichten wie diese, daß sich der Name vom französischen toujour ableitet, weil ein Besatzungssoldat, vielleicht einer der 1807 zu Jérôme Bonaparte gehörte und beim Genuß der fremdartigen Speise begeistert ausgerufen hat: toujour, toujour! Immer. Es ist vorstellbar, daß jener Soldat in ein schönes oberschlesisches Mädchen verliebt war, und in diesem Falle sehr oft mit dem beliebten Nationalgericht rechnen durfte.

»Zur« heißt sauer beim polnischen Nachbarn und geradezu zärtlich ausgesprochen sagen die Oberschlesier »Dschur«. Die Suppe selbst ist handfest und gesund, aus Schrot und Korn sozusagen, mit Sauerteig nämlich, mit dem die herzhaften und lange frisch bleibenden schlesischen Brote gebacken wurden. Für den Schur hält die Hausfrau wie zum Brotbacken immer etwas Sauerteig zurück für die Bereitung von Neuem, oder sie holte ihn im Reformhaus. Mit warmen Wasser und Roggenschrot wurde der Sauerteig flüssig verquirlt – wobei eingefleischte Oberschlesier überzeugt sind, daß das beste Vorquirlen mit einem Quirl aus der Spitze des Weihnachtsbaumes geschehen muß! Dann wird der Teig in einem Tontopf an einem warmen Ort mindestens zwei Tage zum Gären gebracht. Zur Bereitung wird eine kräftige Brühe aus Räucherfleisch benötigt, mit einer tüchtigen Portion getrockneter Waldpilze, Salz und Kümmel, Knoblauch und Pfeffer würzte man die mit dem beigefügten Sauerteig sämig gekochte Suppe. Manche geben auch ausgelassenen Räucherspeck dazu, doch die meisten veredelten ihren Schur mit einem großen Stück, in Scheiben geschnittener Krakauer Wurst. Stampfkartoffeln gehörten dazu, wollte man eine sättigende Mahlzeit haben. Die Sudetendeutschen schätzten dieses Gericht als »Kübelsauer«.

Auch der »Bigus« oder Bigosch ausgesprochen, ist recht herzhaft, ein Gericht für Leute, die einen schweren Arbeitstag haben, ein Gericht, das im Geschmack eher in die östliche Nachbarschaft weist als in die Köstlichkeiten österreichisch-böhmischer Küche westlich der Mährischen Pforte. Dahin weist mehr die Mohbabe, die Süste, die ausgezeichneten Pfefferkuchen, auf die sich die oberschlesischen Frauen stets gut verstanden.

In Neisse, dem schlesischen Rom, verstanden sich die Konditoren auf eine berühmte Spezialität: das Neisser Konfekt. Dazu wird Zitronat in Würfel geschnitten, Nüsse und Mandeln fein gehackt, in einem Topf Honig und Zucker zerlassen, Gewürze wie Zimt, Kardamom, Nelken, Zitronat, Mandeln und auch Eier zugefügt und verrührt. Das Mehl darf nicht vergessen werden, nach gut bewährter Hausfrauenart soviel wie der flüssige Honig mit den Zutaten aufnimmt. Pottasche darf nicht fehlen, in ein paar Löffeln warmen Wassers aufgelöst und vielleicht zehn Minuten stehengelassen wird das Pfefferkuchentreibmittel mit dem Teig verknetet. Je kräftiger desto besser. Es muß glänzen! Die Formen für das auszustechende Neisser Konfekt kann jeder selbst auswählen. Nur die Schokoladen- oder Zuckergußglasur sollte nicht vergessen werden. Der Pfefferkuchen spielt in der oberschlesischen Küche eine herausragende Rolle.

Brautpaar aus Roßberg

An den Wochentagen gab es einfache Gerichte wie Gallert, die sparsame Hausfrauen aus Spitzbein, Ohren und Schweinsrüssel zu bereiten wußten im Gegensatz zu den wohlhabenden Bauern, die gutgenährte Schweine im Stall hatten und auch bessere Teile dafür verwendeten.

Flacki sind Kaldaunen, die in Ostpreußen Fleck und woanders Kutteln heißen, und in Frankreich mit Weißwein und Knoblauch, in Italien mit Tomatensoße kräftig gewürzt angerichtet werden, im deutschen Allgäu in saurer brauner Soße. Dieses Armeleuteessen kannte in Oberschlesien die helle Einbrenne, Suppengemüse zum Aufkochen, aber zum Abschmecken vor allem Pfeffer und Muskat, darüber reichlich Petersilie. Die Brotsuppe war ebenso herzhaft, schon durch das hartgewordene, in Würfel geschnittene Sauerteigbrot. Es kam in eine Schüssel, darüber Salz, Pfeffer und Knoblauch, dann kochendes Wasser. Die Suppe mußte etwas zugedeckt bis zum Verzehr stehenbleiben. In neuerer Zeit kam wohl auch noch etwas Suppengewürz aus der Flasche dazu. Diese altmodische Brotsuppe hatte den Vorteil, daß die Brotstücke trotz heißem Wasser »Biß« behielten, was mit heutigem Brot nicht mehr gelingt. Das nur ganz wenigen Frauen noch bekannte Rezept des oberschlesischen Krautkuchens verriet Rosemarie Kiesewetter, die schon mehrfach im Radio und Fernsehen Einblick in ihre heimatliche Weihnachtsküche gab, die sie bei der Mutter und Großmutter in Gleiwitz und auf dem Lande im abgetrennten Ostoberschlesien kennengelernt hatte. Zum Krautkuchen muß ein guter Hefeteig vorbereitet werden. Das Weißkraut wird grob geschnitten und in

Osterritt

Schweineschmalz angedünstet. Später in das gekochte, noch etwas feste Kraut Rosinen, Zimt und Zucker geben, nicht zuviel von allem. Die Masse wird wie bei einem Mohnstollen auf den ausgerollten Teig gegeben, und zu einer Rolle geformt, knusprig gebacken.
Die Pfefferkuchensoße, oder polnische Soße genannt, gehörte als Festtagsschmaus zum Weihnachts- oder Sylvesterkarpfen, oder auch zu den bescheideneren Weißwürsteln, auf die sich auch nur die dortigen Fleischer nach altem Familienrezept verstanden. Die polnische Soße ist eine grenzüberschreitende, sehr beliebte Spezialität, die der Köchin viel Geduld und Können abfordern. Bei Großmutters Rezepten, die hin- und wieder im Fernsehen von einem deutsch-schweizerischen Kochduo vorgestellt werden, war auch diese wohlschmeckende Pfefferkuchen-Biersoße dabei. Schade, daß man nicht wußte, wo diese Köstlichkeit herstammte. Sogenannter Fischpfefferkuchen wird dazu benötigt, das sind kaum gesüßte Gewürzprinten, die zerbröckelt und mit Malzbier begossen werden. Sie müssen dann einige Tage in einem

kühlen Raum unbedeckt ausharren und auf weitere Zubereitung warten. Nach zwei Tagen, wenn die harten Pfefferkuchen im Bier weichgeworden sind, wird Wurzelgemüse und Zwiebeln in feine Scheiben und Ringe geschnitten, in Butter angedünstet und mit Malzbier aufgegossen und aufgekocht. Mit einem Rest Bier etwas Mehl anrühren, den eingeweichten Pfefferkuchen dazugeben, unter häufigem Rühren eine Viertelstunde leicht köcheln lassen und dann die Soße durch ein Sieb streichen. Mit Butter verfeinern, Mit Essig oder Zitronensaft abschmecken, desgleichen mit Salz und etwas Zucker. Wohl bekomms!
Etwas darf nicht vergessen werden: die Gastfreundschaft. Wer je damit beschenkt wurde, ob in einem hochherrschaftlichen Haus oder bei ganz einfachen Menschen, der vergißt diese oberschlesische Herzlichkeit nie.

DAS IST DER ALTE BAUM NICHT MEHR

Betroffen von der Erkenntnis, daß er den Wald seiner Jugend mit all seiner Schönheit und mit seiner Lebensfülle nicht mehr wiederfindet, schreibt der 53jährige Joseph von Eichendorff 1839 dieses Gedicht:

Vorbei

Das ist der alte Baum nicht mehr,
Der damals hier gestanden,
Auf dem ich gesessen im Blütenmeer.
Über den sonnigen Landen.

Das ist der Wald nicht mehr, der sacht,
Vom Berge rauschte nieder,
Wenn ich vom Liebchen ritt bei Nacht,
Das Herz voll neuer Lieder.

Das ist nicht mehr das tiefe Tal
Mit den grasenden Rehen,
In dem wir nachts viel tausendmal
Zusammen hinausgesehen.–

Es ist der Baum noch, Tal und Wald,
Die Welt ist jung geblieben,
Du aber wurdest seitdem alt,
Vorbei ist das schöne Lieben.

Vielen, die Oberschlesien jetzt als das Land einer fernen Jugendzeit wiedersehen, wird es ähnlich ergehen wie dem romantischen Dichter, der weit über seine Heimat hinauswuchs und die Welt mit seiner naturbeseelten Dichtung beschenkte. In tiefer Freude gab er sich seinen Erscheinungen hin und empfand sie als Musik einer göttlichen Welt, als eine Grundmelodie, die in der Seele eines jeden Menschen zum Klingen gebracht werden kann. Das ist

Schloß Lubowitz wie es war

Eichendorff auf wunderbare Weise gelungen, das Klingen im Menschen durch ein Zauberwort hat ihn unsterblich gemacht. Weil ihm das elterliche Schloß als Urbild für Geborgenheit erschien, aus dessen heimatlichen Wurzelgrund sich das Leben gestaltet, deshalb litt er so sehr unter dem Verlust und hat für die Heutigen schon viel in seiner Dichtung vorweggenommen. Es ist tröstlich, daß Eichendorff die Begegnung mit den anklagenden Trümmern des Schlosses in Lubowitz heute erspart bleibt, der verwüstete Friedhof, den inzwischen Freundeshände pflegen und mit frischen Blumen schmücken.

Der Dichter mußte auch seinen Platz im Eichendorff-Museum von Neisse verlassen, zog mit seinem Betreuer, dem ehemaligen Kustos und Lyriker Willibald Köhler westwärts, der dort wieder ein Deutsches Eichendorff-Museum in Wangen/Allgäu begründete. Mit seiner Familie und Freunden baute Köhler das Deutsche Eichendorff-Museum wieder auf, das von Sohn Meinrad mit seiner Frau Ruth betreut

Willibald Köhler

Joseph von Eichendorff

Wangen i. Allgäu. Eichendorff-Museum (Innenansicht)

wird und zu einer Stätte der Begegnung aus aller Welt geworden ist. So ist das Leben des Dichters und das geistige Weiterwirken über den Tod hinaus zum Sinnbild des Schicksals der Menschen seiner Heimat geworden, auch damit, in der Fremde eine neue Heimat gefunden zu haben.

In der Sammlung seiner Oderlieder, die ihm den Namen Oderliederdichter einbrachte, schreibt Hans Niekrawietz:

> Du Strom aus verlorener Kindheit,
> du fülltest mich damals schon aus,
> als ich noch in seeliger Blindheit
> gehütet bin worden zu Haus.
>
> Wir waren seit Urzeit Verwandte
> und brachen zur Wanderung auf.
> Und was uns auch trennte und bannte,
> wir liefen gemeinsamen Lauf.
>
> Wir träumten von tanzenden Kämmen
> auf ruhlosem Meere zur Nacht.
> Wir waren von engenden Dämmen
> und Ufern beherrscht und bewacht.
>
> Und wie deine Wellen, so flossen
> Gedanken zum rauenden Licht
> und sprengten die Ufer und gossen
> sich bitter der Zeit ins Gesicht...
>
> Sie alle, in Worten verstammelt
> und maßlos verströmt und vertan,
> sind wieder im Grunde versammelt
> und ziehen vertieft ihre Bahn.

Nicht anders erging es einem anderen großen Dichter Oberschlesiens, Gustav Freytag aus Kreuzburg, ein ganz anderer als Eichendorff, natürlich, aber beider dichterische Nachlässe, sofern diese wieder zusammengetragen werden konnten, sind in der Obhut der schmucken Allgäustadt. Nicht wenige schlesische Künstler, und darunter einige die aus Oberschlesien stammen, durften sich dort niederlassen und Carl Ritter, der Oberschwabe, der mit seiner Familie in Oppeln gelebt hatte, gründete in den 50er Jahren mit seinen Dichterfreunden wie Egon H. Rakette aus Ratibor den Wangener Kreis, eine Gesellschaft für Literatur und Kunst DER OSTEN, in dem sich die Künstler des Ostens zusammenfanden im Sinne Eichendorffs und nach dessen Vorbild hinaus in die Welt wirken in Freundschaft und Verständigung, nun schon in der Zweiten Generation. Zu ihnen gehörten der Hans Niekrawietz und Ruth Storm, die große alte Dame der schlesischen Literatur, in Kattowitz 1905 als Tochter des Verlegers Carl Siwinna geboren. Sie erlebte in ihrer Jugend die schmerzliche Teilung Oberschlesiens 1921, als die Familie ihre Kattowitzer Heimat verlassen mußte und sich im Riesengebirge ansässig machte. Dieser Schmerz zieht sich durch ihr ganzes literarisches Schaffen, aber er bleibt verhalten und zeigt, wie sehr Menschen unter erlittenem Unrecht leiden, in das sie von Mächtigeren gestürzt werden. Ruth Storm faßt diesen Schmerz in Worte wie diese, die am Ende eines Gedichtes stehen:

Hans Niekrawietz

»....sie gingen stumm
mit den Erwachsenen fort
und hatten Falten
am Mund und der Stirn
sie sagten nur:
Damals, als wir noch
Spielzeug hatten,
waren wir jung, damals«.

Oder 1990, 85jährig an die »Oder«:

DIE GETROFFENE

Oder, Schicksalfluß,
du bist die Getroffene,
dich kann niemand
vertreiben,
du mußt bleiben –
doch wer wird

dich preisen,
für dich singen,
heiter im Tanz
bunte Bänder schwingen?
Ja, wer wird dich preisen
auf deinen Reisen
von Oberschlesien
bis zum Meer –
wer, ja wer?
Wo sind deine Kinder
geblieben, die fleißigen,
fröhlichen?
Sie wurden vertrieben,
vertrieben!
Im Wasser spiegeln
sich die Türme
einer deutschen Stadt,
die jetzt einen
anderen Namen hat.
Im trägen Fließen
des Stroms
bergen sich im
Abbild des Doms
auf langen Kähnen
Schätze von
Kohle und Erz
gehauen in dunklen
Schächten von Tagen
und Nächten
zur Freude
für Bergmanns Herz.
Sankt Barbara, Schutzpatron,
spendet »Glückauf«
als verdienten Lohn.
Und über den Oderlauf
mit den beladenen
Kähnen
ziehen rufend
erste Frühjahrsschwäne
ins Sommerrevier,
ihr Gruß gilt auch dir!
Dem Oderstrom,
zur Grenze geworden
im eigenen Gebiet,
gehört, unter Tränen,
unser letztes Lied.

Der Wille zur Gerechtigkeit, zur Freiheit und zum Frieden zwischen den Völkern muß aber oberstes Gesetz sein. Ruth Storm

Norbert Ernst Dolezich, 1906 im oberschlesischen Bielschowitz geboren schreibt und malt, und gibt heute im Westfälischen Auskunft über seine prägende Heimat mit seinem biographischen Band »Ich kam aus Orzegow«, auf das die Beskiden von fern ihren Schatten warfen. Mit Freunden, den Komponisten Fritz Lubrich und Gerhard Strecke kam die oberschlesische Musik

in den Westen. Um bei den vielen bildenden Künstlern des Landes einzukehren, dazu bleibt jetzt keine Zeit mehr. Das bedarf einer weiteren Entdeckungsreise.
Längst schon schreibt eine jüngere oberschlesische Dichtergeneration in die Welt hinaus, wie der 1925 in der Stadt Gustav Freytags geborene Heinz Piontek, oder der 1990 verstorbene Horst Bienek, 1930 in Gleitwitz geboren. Mit der »Ersten Polka« schrieb er über seine »Gleiwitzer Kindheit«, beleuchtete sie u. a. mit »Septemberlicht«. Wie auch immer der Lebensweg sein mag, noch keinen Dichter ließ seine Heimat los. Inzwischen dichtet eine neue, von Oberschlesien geprägte Generation junger Lyriker, die im Raum München leben wie Ernst Josef Krzywon, oder der erst 1954 in Hindenburg geborene Bernhard Brommer.
Ihr Weg in den Westen mag sie vielleicht über andere Straßen geführt haben, wie einst Joseph von Eichendorffs Taugenichts, dessen Reiseweg aus dem für ihn zu stillen Oberschlesien in das aufregende Wien durchaus durch die Mährische Pforte geführt haben mag. »Der Taugenichts« ist das heiterste Werk des am 10. März 1788 auf Lubowitz geborenen Dichters, der 1857 in Neisse verstarb. Er läßt seinen jungen Taugenichts erzählen, wie lustig doch das Rad an seines Vaters Mühle brauste, wie schön es war, im warmen Sonnenschein auf der Tür-

Wangen. Taugenichts-Denkmal beim Eichendorff-Museum

schwelle sitzend, sich an den Sperlingen zu freuen, an allem ringsum, obwohl doch der Vater drinnen in der Mühle schon längst schwer arbeitete. Schließlich kommt er vor die Tür und heißt seinen Sohn einen Taugenichts, den er nun nicht länger füttern will. Er soll hinausziehen und sich selbst sein Brot verdienen. Das führt den jungen Müllersohn fröhlich in die Welt, und der Dichter läßt das alte Wanderlied singen:

Wem Gott will rechte Gunst erweisen,
Den schickt er in die weite Welt.
Dem will er seine Wunder weisen
In Berg und Wald und Strom und Feld.

Mit dem heiteren Taugenichts verabschieden wir uns von Oberschlesien bis zum nächsten Mal, das auch dann wieder ein ganz verändertes Gesicht haben wird nach den gegenwärtigen Entwicklungen.

BILDERVERZEICHNIS

BILDNACHWEIS

W. Lambert: 73,75 - 77, 79 - 85, 88 - 100, 102 - 111, 113 - 118, 120 - 129, 131 - 160, 163, 168
F. Jünger: 74, 86, 101
M. Dworaczyk: 78, 87, 112, 119, 130, 161, 162
Stiftung Kulturwerk Schlesien, Sammlung Haselbach: 5, 16, 19, 23, 24, 26, 29, 37, 46 re, 49, 53, 54

73 NEISSE (NYSA) – Schöner Brunnen. Er ähnelt jenem auf dem kleinen Ring der Prager Altstadt und darf sich rühmen, der schönste Brunnen Oberschlesiens zu sein, obwohl dort mehrfach ähnliche mit einem derart kunstvoll geschmiedeten Gehäuse anzutreffen sind. Der aus dem westf. Beckum stammende bischöfliche Hofschlosser und Zeugwart Helleweg schuf ihn. Der Text auf der Inschrift des Brunnens lautete: AUS BELIEBEN EINES LÖBLICHEN MAGISTRATS MACHTE MICH WILHELM HELLEWEG 1686. Die Häuser dieser Straße lagen 1945 in Schutt und Asche, in den Trümmern noch sehr lange der teilweise zerschlagene steinerne Brunnenrand. Seit über einem Jahrzehnt aber präsentiert er sich wieder mit seinem berühmten schmiedeeisernen Gehäuse, dem inzwischen der österr. Doppeladler auf der Spitze verlorenging.
Neu aufgebaut sind die Häuser der früheren Breslauer Straße, und nicht sichtbar im Bild der erhalten gebliebene mittelalterliche Breslauer Torturm mit der später aufgesetzten Renaissance-Bekrönung. Doch die Zerstörungen sind gegenwärtig.

74 NEISSE (NYSA) – Ring mit Kämmereigebäude und Triton-Brunnen. Er gleicht jenem auf dem Breslauer Neumarkt mit dem Gabeljürgen. Die glatte Fassade des nach 1945 wieder instandgesetzten Kämmereigebäudes verrät kaum etwas von einstiger Schönheit. Mit seinem reichen Zierrat galt es als schönstes Baudenkmal der Renaissance in ganz Schlesien; 1604 als Waagehaus fertiggestellt in Neisses größter wirtschaftlicher Blütezeit. Zunächst Leinen- und Garnhandel, dann aber überwiegend Handel mit österreichischen und ungarischen Weinen, woran auch die Kirchenväter ihre Freude hatten. Das beweisen 1552 und 1556 von ihnen erlassene Weinordnungen. Zeugen vom guten Weingeschäft waren die gewaltigen Gewölbe am Oberring (Buttermarkt). Die Stadtgründung 1223 fällt ins gleiche Jahr, als der Neisser Vogt Walter zum Lokator von Ujest bestimmt wurde. Ab 14. Jahrhundert ist das Fürstentum Neisse-Grottkau Bistumsland und Residenz der Breslauer Bischöfe. Nicht ohne Grund wurde Neisse »das schlesische Rom« genannt. Damit verbunden ist die kulturelle Ausstrahlung.

75 NEISSE (NYSA) – Glockenturm, Jakobuskirche, gen. »große Kirche«, 1430. Baumeister Peter v. Frankenstein. Gotische Hallenkirche, durch Ausgrabungen bewiesen, steinerne roman. Vorgängerin von 1198. 20 Kapellen bargen Kunstschätze wie den got. Klappaltar mit Passionsdarstellungen, ein 3 m hohes Triumphkreuz, Grabplatten der Bfe. Kaspar v. Logau, † 1574, Martin v. Gerstmann, † 1585, Johann v. Sitsch, † 1608. Zeugnisse der Renaissance sind die Grabtumben aus Salzburger Marmor der Bfe. Jakob v. Salza, † 1539, und Balthasar v. Promnitz, † 1562, dessen Grabmal ist zusätzlich mit einem aufwendigen Baldachin geschmückt. Auch die Grabplatte des Bfs. Wenzel v. Liegnitz, dem Begründer des nach Neisse geholten Kollegiatstiftes, ist dort zu finden. 1494 goß Meister Bartusch v. Linderath die 160 Ztr. schwere Glocke »Jacobus major« für den Glockenturm. Sie schmolz 1945. Aus ihren Resten wurden neue gegossen beim Wiederaufbau der Kirche. Sie hatte im 17. Jahrhundert eine Barockausstattung erhalten, die 1889-95 entfernt wurde, nicht zum Vorteil dieses überragenden Bauwerkes.

CHRISTUS IST MEIN LEBEN
STERBEN IST MEIN GEWIN

77 Neisse (Nyza) MÜNSTERBERGER LÖWE am Berliner Tor, vorm. Münsterberger Tor. Der Sage nach eine Siegestrophäe. 76) Neisse. Epitaph des angesehenen Pfefferküchlers u. Gattin. Vermutlich Meister des berühmten NEISSER KONFEKTS. Die Inschrift von 1633 weist hin auf den EHRENVESTEN UND WOHLGEACHTETEN HERRN GEORGE KLEHR BÜRGER u. PFEFFERKICHLER SEINES ALTERS 58 JAHR u. DIE EHRBARE VIEL EHRENDUGENDSAME FRAU SUSANNA DES EHRENVESTEN u. WOHLGEACHTETEN HERRN GEORGE KLEHRES SEINE EHELICHE HAUSFRAU ALTERS 50 JAHRE DER SEIN GOTT GNEDIG ..

Hier ruht
LOUISE
Baronin
von Eichendorff
geb. von Larisch
geboren d. 18. Juli 1792,
gestorben d.
Decbr. 1855.
Hier ruht
JOSEPH
Freiherr
von Eichendorff
Geheimer-Rath a. D.
Geboren d. 10. März 1788.
gestorben
Novbr. 185

78 NEISSE (NYSA) Jerusalemer Friedhof. 1935 Einrichtung eines Eichendorff-Museums im Sterbehaus, geleitet von dem oberschles. Dichter Willibald Köhler, dessen priv. Initiative die Schaffung des heutigen Deutschen Eichendorff-Museums schon 1952 in Wangen/Allgäu zu verdanken ist.

79 KR. NEISSE (NYSA) Buchenwald im November bei Schönwalde. Er hat etwas von der stillen Insichgekehrtheit des oberschlesischen Menschen bei seinem sonst so heiteren Volkscharakter. Wälder wie diese sind nicht selten, obwohl der Umkreis hier mehr Ackerland als Wälder hat.

80 PATSCHKAU KR. NEISSE, auch schlesisches Rothenburg genannt.
Auf Geheiß des Bischofs Thomas I. von Breslau 1254 aus dem Waldhufendorf Bogenau und Alt-Patschkau angelegt, um deutsche Ansiedlung in diesem Teil des Bistums zu erleichtern. Religion und Handel bestimmten die Geschichte der am rechten Ufer der Glatzer Neisse gelegenen Stadt vor dem Reichensteiner Gebirge.
Gut erhaltene historische Bauten, darunter teilweise die Stadtmauer mit Tor- und Mauertürmen aus dem Spätmittelalter.
Burgartig fügt sich hier die kath. Stadtkirche (Bildmitte), eine dreischiffige Hallenkirche des ausgehenden 14. Jahrhunderts ein. Im 16. Jahrhundert erhielt diese die auffallende Renaissance-Zinnenbewehrung, hinter der sich die Kirchendächer völlig verbergen. Die Barockzeit hinterließ diesem Gesamtbild noch die hier nicht sichtbare Rochuskapelle.
Außerhalb dieser Mauern befindet sich eine Friedhofskirche, deren hölzerne Vorläuferin ins 14. Jahrhundert zurückgeht. Patschkau liegt nah am Stausee von Ottmachau.

81 ZIEGENHALS (GLUCHOTAZY) Kr. Neisse. Portal (1250) aus der Zeit als die romanische in die gotische Bauweise überging. Fürstbischof Franz Ludwig ist es zu verdanken, daß beim Neubau der kath. Kirche St. Lorenz (1729) dieses Zeitzeugnis integriert wurde. Als der Breslauer Bischof Lorenz Schutz gegen die vordringenden mähr. Markgrafen benötigte, ließ er von Vogt Witiko v. Ottmachau deutsche Siedler in Land holen. Sie gruben nach Gold (Goldeneckstein) und wuschen es aus der Biele. Später kam Eisenbergbau unter Thurzo und den Fuggern dazu. 1428 Brandschatzung durch die Hussiten, im 30jährigen Krieg Repressalien erst durch die Sachsen (1622) und anschließend durch Wallensteins Leute – und die Pest! Seitdem jährlich bis 1945 eine Pestprozession. Wegen der nahen Festung Neisse galt Ziegenhals in preuß. Zeit als begehrter Vorposten. 1742 ließ Friedrich der Große den Flachsanbau einführen, Z. wurde Weberstadt und knüpfte damit an seine mittelalterliche Tradition an. Napoleon forderte 1807 Kontributionen. Im 19. Jahrhundert Kurort, bis 1945 »Bad Ziegenhals«.

82 BIELAU (BIALA-NYSKA) Kr. Neisse liegt 6 km südlich der Kreisstadt an der Biele. Bischof Lorenz von Breslau ließ auch Bielau genau wie andere Orte in der Umgebung zum Schutz gegen mährisches Vordringen mit deutschen Siedlern anlegen. Nachgewiesen ist 1296 die kath. Pfarrkirche und das Siegel von Pfarrer Conradus. In dem Bemühen theol. Nachwuchs heranzubilden, gedieh auch hier schon sehr früh eine Art Schulunterricht (1592). Wahrscheinlich erteilte diesen der damalige Dorfschreiber. Wer evangelisch war mußte zum Gottesdienst nach Neisse gehen. In einem 150 ha großen Park wurde Anfang des 19. Jh. das Schloß im Renaissancestil erbaut, es brannte 1945 ab. Seit 1851 war das 310 ha große Rittergut im Besitz der Familie von Falkenhausen. Einst war der Toreingang (Bild) bewacht, doch Napoleons General Vandamme residierte hier bei der Belagerung von Neisse unrühmlich. Aus Bielau stammten eine der Großmütter des Komponisten Franz Schubert, und Prof. Emil Bohn, Hrsg. einer musikalischen Bibliographie, – Philo vom Walde, schles. Poet, (Joh. Reinelt) wirkte hier als junger Lehrer.

83 STEINSDORF (SCINAWA-NYSKA) Kr. Neisse liegt gegenüber dem Städtchen Steinau am gleichnamigen Fluß. 1284 erwähnt als »Stinania« mit 48 kl. Huben, wovon der Scholze 7, der Schankwirt 1 und die Kirche nur 2 besaßen. Gedacht als Bollwerk gegen Mähren mit 64 anderen Dörfern. Auch 2 Mühlen mit je 2 Mühlrädern. Ab 1551 »Steinischdorf«, geplagt von Raubrittern der Umgebung. Späteren Liebhabern dieses romantischen Winkels (Bild) machte das nichts aus.

84 GROTTKAU (GRODKÓW) – Innenansicht der kath. Stadtpfarrkirche heute. Nach den Zerstörungen haben sich manche Spuren verloren. Das gilt auch für ein Augustinerkloster, das 1294 belegt ist, und für eine Stadtpfarrschule, die nur ein Jahr später gegründet wurde. Weil zu gute Schulmöglichkeiten in Brieg und Neisse vorhanden waren, mußte die angesehene Grottkauer Lateinschule aus dem 16. Jh. schließen. Daß die alte Handelsstraße Breslau-Neisse durch Grottkau führte, brachte der Stadt erfreuliche Vorteile: sie besaß seit 1308 das Zollwaren-Plombierungsrecht zusammen mit verschiedenen Niederlagerechten. Allmählich ging es bergab, auch wenn unter preußischer Zeit Grottkau Garnison wurde bis 1945. Vor der Schlacht bei Mollwitz stießen in Grottkau erstmals preußische und österreichische Soldaten aufeinander, wobei die Grottkauer »Weißkittel« (frisch eingezogen, 60 an der Zahl) eine rühmliche Rolle spielten. – Durch den Eisenbahnanschluß 1847/48, und den Bau von Maschinenfabriken erlebte Grottkau noch einmal wirtschaftlichen Aufschwung.

85 GROTTKAU (GRODKÓW) – kath. Pfarrkirche. Zunächst »Unserer lieben Frau« geweiht, wurde 1473 der Erzengel Michael ihr Schutzpatron. Teile des mächtigen gotischen Backsteinbaues sind aus der 2. Hälfte des 13. Jahrhunderts Barocke Innenausstattung, von großem Wert das Reliquienkreuz (1493) und die Sonnenmonstranz (1740). Wie an Ring und Rathaus sind auch hier die Beschädigungen von 1945 behoben. Hier stand die Wiege des Fürstbischofs Sebastian von Rostock (1607), der zeitlebens ein Wohltäter seiner Heimatstadt war und nach Zerstörung ihren Wiederaufbau förderte. Auch der Musiklehrer Chopins, Joseph Elsner (1768) wurde hier geboren. Hier wirkte als Kaplan Joh. Ronge, der für seine Schrift »Rom und das Breslauer Domkapitel« gescholtenund entlassen wurde. Er ist auch der Begründer des Deutsch-Katholizismus. – Wer Grottkau sagt, denkt auch unwillkürlich an das Mundartscherzlied »Die Gruttker Vasper«, wo ein einfacher Mensch seine tiefen Eindrücke bei einem Vespergottesdienst in der großen Kirche beschreibt. Unvergeßlich, wie auch der »Grottkauer Heiratsmarkt«.

86 GROTTKAU (GRODKÓW) – die Wistuba-Mühle an der Oppelner Straße. Sie besticht durch ihre Schönheit und ist gleichzeitig ein Symbol des einstigen Ackerbürgerstädtchens Grottkau mit seinen Getreidemärkten.
Darüber hinaus darf die Wistuba-Mühle auch als Wahrzeichen des fruchtbaren oberschlesischen Bauernlandes angesehen werden wie hier am Westrand der Oderebene. Mit der notwendigen Bewässerung stand es auch nicht schlecht, viele kleine Wasserläufe sorgen dafür. Meist münden sie ins Grottkauer Wasser, zufließend aus dem Tillowitzer Forst.
»Alt-Grottkau«, 5 km entfernt, wird bereits 1210 als »Villa Grodcovichi« erwähnt. Lokator Gumprecht bekam von Breslauer Domherren den Auftrag, auf 100 Hufen Land deutschrechtliche Dörfer auszusetzen. So entstand Grottkau, das 1268 von Herzog Heinrich IV. v. Breslau Stadtrecht erhielt.
1728 wurde die Stadt an ihre heutige Stelle verlegt und bekam zusätzlich Neumarkter Recht. Grottkau ist planmäßig angelegt, erlitt durch Hussiten Zerstörung.

87 Am OTTMACHAUER STAUSEE (OTMUCHÓW) Kr. Grottkau. Im Hintergrund verschweigt das dunstverhüllte Reichensteiner Gebirge, weshalb Dichter bei diesem Anblick kühn von einem Schlesischen Meer schwärmten, wenn auch bescheidener als der Bodensee. Die Ausdehnung beträgt nur 22,6 qkm, die Stauhöhe 17 m und das Fassungsvermögen 143 Mio cbm. Die 1874 eingeweihte Patschkauer Bahnlinie wurde verlegt, um die schon 1914 vorhandenen Pläne dann 1928-33 zu realisieren. Das bedeutete wirtschaftlichen Aufschwung, der Staussee wurde bis heute Ausflugsziel.

88 OTTMACHAU (OTMUCHÓW) – Schloß. 1115 erwähnt als Burg, dreimal von den Hussiten eingenommen unter Androhung der Schleifung falls nicht 1100 böhm. Groschen gezahlt würden. Nach der 3. Einnahme löste Ottmachau seine Burg für 2000 Goldgulden wieder aus. Der heutige Bau (Bild) mit Graffitomalerei entstand 1600-08 unter Bischof Johann von Sitsch, geb. in Stübendorf bei Ottmachau. Friedrich Wilhelm III. schenkte das Schloß seinem Minister Wilhelm v. Humboldt. Beim Bau des Stausees Verkauf, später Hotel und Restaurant.

89 FRIEDLAND (KORFANTÓW) – Kr. Falkenberg, Pfarrkirche Heiligste Dreifaltigkeit. 1. Neubau 1751, Turm bis heute erhalten, 2. Neubau 1907/08 unter Pfarrer Valentin Wojcech, der 1920 in Breslau zum Fürstbischof geweiht wurde. Friedland hatte die verschiedensten Grundherren, darunter auch Caspar v. Kynast, gen. Gotsche (später v. Schaffgotsch). Brände und Seuchen. Die Pest, 1680, 180 Tote, 1831 und 1853 viele Tote durch die Cholera. 1934 Garnisonstadt und 1945 Verlust des Stadtrechtes wegen zu geringer Bedeutung als Stadt.

90 TILLOWITZ (TULOWICE) Kr. Falkenberg. Schloß, unbekannter ital. Baumeister. Auf alten Fundamenten 1826/27 erbaut durch Graf Praschma, 1929 Verkauf an oberschles. Landges., ab 1937 Forstschule, auch heute noch weitergeführt. Weit über Grenzen war »Tillowitzer Porzellan« bekannt. (Fabrik Reinh. Schlegelmilch 1886, 800 Beschäftigte bis 1945). Danach teilw. Demontage, im Restwerk poln. Betriebsaufnahme mit Hilfe deutscher Fachkräfte. 1970 Zerstörung durch Brand, der Wiederaufbau ist im Gange. – Raseneisenerzfunde, Eisenhammer bis 1732, ab 1783 neue Eisenwerke.

91 SCHÖNWITZ (KARCZÓW) Kr. Falkenberg. Schloß. Herr v. Tschirsky erbaute es 1791 inmitten eines großen Parks, der Besitz hatte 2061 Pr. Morgen, denn das Rittergut Ferdinandshof mit Vorwerk (426 ha Land, von denen 108 ha Wald waren, gehörte samt einer Gutsbrauerei dazu). Eine Windmühle war bis 1945 in Betrieb, der Besitz gehörte bis dahin der Fam. von Wichelhaus. 1300 wird Schönwitz als deutschrechtl. Dorf mit dem Namen Schenewitz erwähnt. Zuletzt hatte es 794 Einwohner, darunter einen prakt. Arzt, Fleischer, Bäcker, Müller, Sattler, Schmiede u. a.

92 BIELITZ (BIELICE) Kr. Falkenberg. 1284 als Dorf belegt. Urnenfunde der Frühzeit weisen auf Lausitzer Kultur hin. In der Neuzeit: Bielitz Opfer des Haßes. Am 27.7.45 werden Alte, Frauen, Kinder von poln. Miliz in das KZ Lamsdorf getrieben. In wenigen Tagen sterben 300 von ihnen.

93 FRIEDLAND (KORFANTÓW) Kr. Falkenberg. Schloß, Renaissancebau der Grafen v. Burghauß, 1616. Bis 1945 Graf v. Pückler-Burghauß, der es grundlegend renovierte. Heute Nutzung als Sanatorium, die Schäden von 1945 konnten noch nicht beseitigt werden. Den Kranken sei Heilung gewünscht.

94 u. 95 OBERGLOGAU (GŁOGÓWEK) – Kr. Neustadt. Die Stadtpfarrkirche St. Bartolomäus, ein gotischer Bau von 1379, spätere Barockisierung (1771-81). Dadurch entstand ein Kleinod mit schönster Rokokoausstattung, ausgeführt von dem Bildhauer Joh. Schubert aus Leipe/Mähren, und Freskenmaler Anton Sebastini. Das Taufbecken ist umgeben von einem kunstgeschmiedeten Gitter, die beiden Figuren darüber stellen Adam und Eva dar. Aufwendig gestaltet wie eine Empore ist die Loge der Grundherren, der Grafen von Oppermann. Im Mittelalter war Oberglogau Sitz eines Archipresbyterrates. Viele klösterliche Anlagen und später zentraler Punkt der Gegenreformation in Schlesien. Vor der Zerstörung durch die Hussiten 1428 zählte die Stadt zu den wichtigsten des Landes, erhielt als 2. Stadt nach Breslau eine Ratsverfassung, die es erlaubte, 12 Ratmannen zu wählen. 1212 urkundl. erstmals erwähnt, 1373 Magdeburger Stadtrecht. Burg und Schloß aus dem 13. Jahrhundert. Zeitweise Sitz der Piastenherzöge von Oppeln. 1921 bei der Volksabstimmung entschieden sich 96% für Deutschland.

96 NEUSTADT (PRUDNIK). Die Verwüstungen von 1945 haben die Bausubstanz sehr verändert, während die Mariensäule aus dem Jahr 1694 stehenblieb. Am Fuß der Bischofskoppe und dem Flüßchen Prudnik gelegen, dort stand in der Frühzeit die Burg des Witigonen Wog von Rosenberg, Oberst-Marschall von Böhmen, als Schutz gegen den vordringenden Landausbau von Nordmähren her. Dessen Sohn Heinrich ließ die urkundlich erstmals erwähnte »Siedlung auf dem grünen Rasen« (1302) anlegen. Von jeher vorteilhafte Lage an der Handelsstraße nach Neisse und Jägerndorf.

97 KUNZENDORF (TRZEBINA) Kr. Neustadt. Schloß. Erbaut im 16. Jahrh. Besitz des Ritters Adam v. Kottulinski von Friedeberg, es brannte 1945 aus. Kunzendorf, im 13. Jahrh. als Waldhufendorf angelegt, durch König Ferdinand I. 1542 zur Stadt erhoben. 1816 kam Kunzendorf an Feldmarschall Blücher als Geschenk des preuß. Staates für seine Verdienste in den Befreiungskriegen. Dieser verkauft es wieder, weil er den einst ritterlichen Besitz Krieblowitz erhält. Wegen seiner alkalischen Stahlquelle – Blücherquelle – ist Kunzendorf seit 1809 Badeort.

98 u. 99 In OPPELN (OPOLE) teilt sich die Oder in zwei Arme, umschließt eine Insel inmitten. Hinter dieser Häuserzeile grüßt die katholische Kreuzkirche, ein mächtiger Hallenkirchenbau aus dem 15. Jahrhundert, die markanten Doppeltürme stammen aus dem 19. Jahrhundert. Zur Kathedrale erhoben, ist diese Kirche heute Sitz des Bischofs von Oberschlesien, war bereits 1945 Sitz eines päpstlichen Administrators. Beide Bauwerke, die Kathedrale und das nachfolgende Rathaus beherrschen schon lange das Stadtbild von Oppeln, dieser alten Herzogsstadt. Das Rathaus in seiner heutigen Form wurde 1822-24 von einem italienischen Baumeister im Florentiner Renaissancestil erbaut, nachdem ab 1819 in der Stadtmitte Tore und mittelalterliche Befestigungen Platz für Regierungsgebäude schaffen mußten. Oppeln dürfte den auffälligsten Rathausturm Oberschlesiens besitzen. Dieser stürzte 1934 ein, wurde aber sofort in der alten Form wieder aufgebaut. 1945 wurde ein Viertel der Stadt Oppeln durch Kriegseinwirkung zerstört, doch der Rathausbau überstand alles unversehrt.

100 SCHLOSS ROGAU/ROGÓW ist nördlich von Krappitz entlang dem Oderlauf zu finden. Es beherbergt heute ein historisches Archiv und ist erstaunlich gut erhalten mit seinem gepflegten Arkadenhof und Zinnen, die Schloß Rogau als einen Spätrenaissancebau des ausgehenden 17. Jahrhunderts ausweisen. In diesem alten Park können Eichendorffs Lieder erwachen, würde es nicht verwundern, träte hier der Dichter aus dem kleinen Gartenpavillion hervor, durch den unser Blick auf die Häuser des Ortes schweift. Wohltuend spürbar die pflegende Hand im Park.

101 OPPELN-SKANSEN-OPOLE zieht viele Besucher an mit seiner gut erhaltenen Wassermühle, die zu einem Freilichtmuseum gehört. Hier ist das andere Oberschlesien zu finden: die stille Landschaft mit weiten Forsten, Wasserläufen, kleinen Teichen, die von jeher Fischzucht als wichtigen Wirtschaftszweig zuließen. Im Kreis Oppeln windet sich die Oder durch den oberschlesischen Muschelkalkrücken.
Wo Kalkschichten aus dem Untergrund an die Oberfläche stoßen, gestatten die Böden Ackerbau. Sonst ist er weitgehend unfruchtbar, denn weite mit Bäumen bestandene Flächen sind Sandgebiete.
Aber schon in früher Zeit erleichterte die Bildung einer Insel in der Odermitte das Überqueren, sodaß dadurch Oppeln stets ein wichtiger Handelspunkt war. Auch eine der Bernsteinstraßen führte entlang der Oder von der Ostsee her weiter durch die Mährische Pforte an Adria und Mittelmeer. In der Oppelner Gegend erlaubte es die Landschaft, daß von dieser Handelsstraße eine Abzweigung nach Krakau ging, einem wichtigen Handelspunkt des Mittelalters. (Salz).

102 KRAPPITZ (KRAPKOWICE) im Kreis Oppeln ist 1294 bezeugt. Hier mündet die Hotzenplotz in die Oder, kreuzen sich die Verbindungen Oppeln-Troppau, O.-Ratibor, O.-Groß-Strehlitz. Bekannt durch Papier- und Kartonagenfabriken, Smyrnateppiche, Kalk- und Zellstoffherstellung, Mühlen, Ziegeleien. Schloß Krappitz, 1678 nahe der Innenstadt erbaut, wurde 1722 durch einen Stadtbrand sehr beschädigt. Nach Aufbau barockisiert. Schöner, vierflügeliger Schloßbau mit Arkaden, zunächst Besitz von Redern, doch von 1766 –1945 Eigentum der Familie von Haugwitz.

103 TURAWA Kr. Oppeln. 14 km von der Stadt entfernt, erbauten sich die Herzöge von Oppeln 1736 ein Jagdschloß in den Wäldern der Malapane. Dieses ist nur noch teilweise erhalten, unverkennbar aber die anmutige Rokokoausschmückung des Jahres 1760/61, als der Nordflügel angebaut wurde. In unserem Jahrhundert ist Turawa mit dem Stausee bekannt geworden. 1934 im Tal der Malapane erbaut, Fassungsvermögen 90 Mio. cbm Wasser, konnte die Stauung den jährlichen Hochwasserschäden entgegenwirken und zudem ein beliebtes Freizeitparadies schaffen.

104 KREUZBURG (KLUCZBORK) Rathaus. Deutschrechtl. Stadt von 1253, der Name geht auf »die Kreuzherren vom Roten Stern« zurück, die als Kolonisten von Prag über Breslau kamen und im Stobergebiet einen Marktflecken anlegten, den sie 1252 als – civitas nostra Cruceburch – erwähnen. Viereckiger Ring, gitterförmige Straßen. In der Stadtmauer von 1396 ein deutsches und ein polnisches Tor, durch diese führte die Handelsstraße Oels-Kreuzburg-Krakau. Leineweber, Tuchmacher und Salzmarkt. – Die Dichter Gustav Freytag, geb. 13.7.1816, und Heinz Piontek, geb. 25.11.25 sind von hier.

105 KREUZBURG (KLUCZBORK) Neue kath. Kirche, (1911–13 erbaut). 1556 kam durch die Hilfe der Brieger Piasten die Reformation nach Kreuzburg. Als diese ausstarben, begann Unterdrückung und Auswanderung der Evangelischen nach Polen, darunter viele Tuchmacher. Die verbliebenen Evangelischen erhielten nach der Altranstädter Konvention die rekatholisierte Kirche zurück (1700), die Katholiken mußten sich mit einer Begräbniskirche, einem Schrotholzbau in der östlichen Vorstadt, begnügen. Dieser wurde 1823 durch einen Steinbau ersetzt, bis endlich diese neue Kirche erbaut wurde.

106 PITSCHEN (BYCZYNA) Kr. Kreuzburg. Stadtmauer aus dem 15. und 16. Jahrhundert mit einigen Türmen bis heute erhalten. Kleine Handwerkerstadt, 4 km von der damaligen großpolnischen Grenze entfernt. Dadurch hatte ihre Lage wirtschaftliche Bedeutung. In Pitschen gab es viele Leineweber, Brauer und Schuhmacher. Der Handel mit Flachs, Wachs, Honig und Vieh florierte. Die Stadt hatte sogar ein eigenes Hohlmaß: den Pitschnischen Scheffel (1727). Die Grenznähe lud zu Überfällen ein, Brände, Hussiten, die Reformation und die Gegenreformation hinterließen viele Spuren.

107 Kr. Rosenberg (Olesno) im SAUSENBERGER FORST, angrenzend an die Forste von Guttentag und Föhrendorf. Aus dem 14. Jahrhundert wird der Fang von Aal, Kaulbarsch, Hecht, Aalruppe, Steinbeißer, Forelle, Gründel, Karpfen, Schleie, Bleie, Plötze, Neunauge, Rotauge, Ukelei und Krebsen berichtet. Seitdem verschenkt man an Freunde, liebe Menschen eine Fischschuppe vom Weihnachtskarpfen »für's Laderwatschkla« (Geldbeutel), damit im kommenden Jahr das notwendige Geld niemals ausgeht. Dieser Brauch hat sich auch nach dem Verlust der Heimat erhalten.

108 Kr. Rosenberg (Olesno) Kirche von BODLAND im Norden des Kreises im Stobertal gelegen. Südöstlich davon breiten sich weitausgedehnte Forste und Teichlandschaften aus. Der Bodländer Forst überspringt Oppelns Kreisgrenze, wo sich auch am Bodländer Floß die Fachwerkkirche Plümkenau für die Evangelischen befand. Wandalische Funde in Rosenberg lassen darauf schließen, daß es sich hier um germanisches Siedlungsgebiet der in Schlesien lebenden Wandalen gehandelt hat, die mit der Völkerwanderung fortzogen, teilweise 439 n. Chr. Karthago erreichten.

109 Kr. Rosenberg (Olesno) BRÜCKENORT. Gelegen an der früheren poln. Grenze, umgeben von einigen Flußläufen, sodaß ein natürlicher Bedarf an Brücken da war. Wenig verwundert diese prachtvolle Kanzel in dem kleinen Ort, denn das berühmte Tschenstochau liegt von hier aus östlich 25 km entfernt. Seit dem MA war in der Nähe ein Eisenhammer in Betrieb, weil im Kreisgebiet viele Kleinbetriebe die Eisenverhüttung betrieben. Diese wurden zum beginnenden 19. Jahrhundert bedeutungslos für das Wirtschaftsleben. Gärtner und Häusler lebten in den Dörfern.

110 NAGELSCHMIEDEN Kr. Lublinitz (Lubliniec) – 1941: Loben. Schrotholzkirche. Die Namensänderungen lassen etwas ahnen vom Schicksal der zweisprachigen Bevölkerung hier in Ostoberschlesien. Unweit, in Schirokau, stand Schlesiens schönste Linde: Umfang 6,47 m und eine Höhe von 27 m.

111 SODOW Kr. Lublinitz (Lubliniec) an einer alten Handelsstraße von Kreuzburg nach Krakau. In der Nachbarschaft bei dem frühmittelalterlichen Kirchlein stehen 4 Grenzlinden, darunter ein Zwiesel, in dessen Verwachsungsfurche sich sammelndes Regenwasser wundertätige Kräfte haben soll.

112 SANKT ANNABERG – 1941: Annaberg (Góra Swietej Anny) Kr. Gr.-Strehlitz. Basilika. An sich ein bescheidener schwarzer Basaltkegel, 410 m aus den Äckern aufragend, wurde er wie kein anderer Ort zum oberschlesischen Schicksalsberg, befrachtet mit gegenseitigen Emotionen. Er gilt bis heute als politisches und religiöses Wahrzeichen Deutscher und Polen. Als Ziel nicht zu zählender Wallfahrten mit all den Gebeten und echter Frömmigkeit sei ihm zu wünschen, daß endlich aus diesem Berg der Tränen und des Haßes für die Zukunft ein Berg der Versöhnung würde.

113 UJEST – 1937: Bischofstal. (Ujazd) Kr. Groß-Strehlitz. katholische Kirche 1155 ist Ujest als »Circuitio iuxta Cozli« belegt. Gleichzeitig ist diese Urkunde der älteste Beweis für die vom Breslauer Bischof betriebene Siedlungstätigkeit in Schlesien. 1233 Stadterhebung nach Neumarkter Recht. Großen Einfluß hatte der Prokurator von Ujest, er verwaltete alle bischöflichen Einkünfte im Hzt. Oppeln. Trotz großer kirchlicher Bedeutung 1443 Verkauf an den Adel. 1837 erwarben die Fürsten v. Hohenlohe-Öhringen den 416 qkm großen Besitz, erhielten 1861 den Titel Herzog v. Ujest.

114 LESCHNITZ/BERGSTADT (LEŚNICA) Kr. Groß-Strehlitz liegt am Fuß des Annaberges. Ackerland und Industrie als Idylle von einst täuscht. Diese Ernte macht Mensch und Tier krank, Zeichen unserer modernen Zivilisation. Der fruchtbare warme Lößboden, einst Anlaß zur Besiedlung, hat seinen Wert verloren. Hier gedieh der Obstbau und brachte durch landesweiten Handel ab Mitte des 19. Jahrhunderts großen wirtschaftlichen Aufschwung. Die Ortsgründung erfolgte durch Kasimir I., Herzog von Oppeln. 1217 ist die Kirche, 1382 die Stadtvogtei nachgewiesen.

115 HIMMELWITZ (JEMIELNICA) Kr. Groß-Strehlitz. Kloster. In seinem Wappen stand M.O.R.S. (Morimundus), Indiz, daß dieses Kloster ebenso wie Groß-Rauden eine Gründung (1146) des burgundischen Mutterklosters Morimond ist. Ähnlich Groß-Rauden zeichnet es sich auch durch eine gute Lateinschule aus, die zweisprachige Schüler aufnahm und damit der Zweisprachigkeit der Bevölkerung Rechnung trug. Abt Joh. Nuncius (1591) brachte dem Kloster großes Ansehen durch seine Kirchenmusikkompositionen. Er gilt als Mitbegründer der musikalisch-theoretischen Formenlehre.

116 WIESENSTEIN Kr. Cosel (Koźle) an der Straße zwischen Bauerwitz und Fährendorf/Oder. Getreidefelder soweit das Auge reicht. Benachbarte Ortsnamen heißen Drosselschlag, Habicht und Vierraben, geben Rückschlüsse auf die Vogelwelt. Aber dieser Boden ist auch aus den vielen Schlachten mit Blut getränkt aus verschiedenen Jahrhunderten, als immer wieder um den strategischen Punkt Festung Cosel gekämpft wurde, koste es was es wolle. Ein Glück nur, daß Mutter Erde es in unendlicher Geduld versteht, die ihr geschlagenen Wunden zu bedecken.

117 GROSS-NEUKIRCH (NOWY KÒSCIÒL) Kr. Cosel gehört zu jenen ansehnlichen Gutsbezirken, die in Karten von ihrer Bedeutung her (bis 1000 Personen) verzeichnet waren, verkehrsgünstig gelegen an der Fernstraße Oppeln-Krappitz-Cosel-Ratibor. Auch heute landwirtschaftliche Nutzung, die Spielgeräte im Vordergrund beweisen, daß auch die Kinder nicht vergessen sind. Groß-Neukirch liegt 10 km von Lubowitz entfernt, von wo aus 1807 der 19jährige Eichendorff die Bestürmung Cosels durch bayrische Truppen beobachtete und dies in Tagebuchaufzeichnungen festhielt.

118 COSEL (KOŹLE) – Kath. Kirche St. Sigismund, 1489 erbaut, wie eine 1858 entdeckte Inschrift besagt. Um 1300 ist die Stadt deutschrechtlich entstanden, vorher befand sich dort ein slaw. Kastellaneisitz.
Cosel liegt an einem wichtigen Oderübergang unweit der Einmündung der Klodnitz. Um diesen strategischen Punkt gab es viele Kämpfe. Im 30jährigen Krieg wurde Cosel dem Erdboden gleichgemacht, es hat sich nie davon erholt. In den 3 schlesischen Kriegen erlangte Cosel Bedeutung als Sperrfeste, dazu 1744 ausgebaut. Doch vor Ausbruch des 2. Krieges war diese noch nicht fertig, die Österreicher nahmen die Festung Cosel ein, die Erbauer beschossen sie, und nahmen sie danach ein.
Die Stadt war ein Trümmerhaufen und diese Stadtpfarrkirche war beschädigt. Die Festung Cosel hatte auch preußische Besatzung als Schutz gegen Napoleons Truppen und die verteidigten die Festung bis zum Tilsiter Frieden 1807.
Natürlich war Cosel wegen seiner Lage und dem Hafen 1945 sehr umkämpft in den Märztagen.
Erstaunlicher Weise hat diese kath. Pfarrkirche nicht sehr gelitten dabei.

119 COSEL (KOŹLE) Partie am Oderhafen. Ab Cosel ist die Oder schiffbar. Dort werden die Schätze des Landes verladen: Erze, Kohle, Kalk, Steine, Getreide. In der Mitte des einst zweitgrößten deutschen Binnenhafens ist dieser Liegeplatz, wo Motorschiffe darauf warten, daß ihre Schleppzüge beladen sind, und auf dem Strom zu ihren Zielen gebracht werden können. Die Kräne im Hintergrund lassen die Größe des Hafens nur ahnen. Eine alte Luftaufnahme aber zeigt, daß sich ohne Platznot rund 200 Schleppkähne gleichzeitig im Coseler Oderhafen tummeln.

120 LEOBSCHÜTZ (GŁUBCZYCE) – Franziskanerkirche. Alten Leobschützern erscheint diese Bildperspektive etwas fremd, da früher am unteren Bildrand hätten Häuser stehen müssen. Die Leobschützer Franziskanerkirche stammt aus dem Jahre 1480 und wurde im 30jährigen Krieg völlig zerstört. Ein Wiederaufbau erfolgte von 1670 bis 1677, aber es dauerte keine hundert Jahre, da es erneut einen Abriß gab und einen Neuaufbau.
1758 entstand diese Franziskanerkirche in der heutigen Form nach den Plänen von Innozenz Töpper, dem auch die Klostergebäude zugeschrieben sind.
Diese Kirche wurde ab 1824 als Gymnasialkriche genutzt und ist den Schülern bis 1945 noch in bester Erinnerung. Ein anderes, hier nicht wiedergegebenes Baudenkmal ist die barocke Mariensäule aus dem Jahre 1738, Arbeit des Bildhauers Anton Jörg.
Sie ist deshalb erwähnenswert, weil sie als Symbol erfolgreicher Rekatholisierung errichtet wurde ohne von den menschlichen Tragödien, die sich dabei abspielten, zu erzählen (ab 1622).

121 LEOBSCHÜTZ (GLUBCZYCE) – Anfangs got. Pfarrkirche »Marie Geburt«, 13. Jahrhundert. 1281 Patronat der Johanniter v. Gröbnitz, die von 1281–1591 ihre Komtur im Kreuzhof zu Leobschütz hatten. Unweit das Johannes-Hospital, 1281 gestiftet von Königin Kunigunde. Leobschütz gehörte immer zum Bistum Olmütz. Bekanntester Bischof: Bruno (1245–1281) aus der Familie der Grafen Schauburg-Holstein. Ihre Burg lag 20 km nordwestlich von Hameln/Weser. Nach dem Mongoleneinfall 1241 erreichte die Ostkolonisation in Mähren unter den böhmischen Königen Wenzel I. und II., Ottokar II. ihren Höhepunkt. Hier tat sich Bischof Bruno von Olmütz sehr hervor mit der Ansiedlung von 25 000 Personen aus dem niedersächsischen Raum, wovon noch heute Orts- und Familiennamen und die Mundart in Mährisch-Schlesien zeugen. Neuen Forschungen in unserem Jahrhundert zufolge (Dr. W. Wann und Dr. J. Düniger) könnte der Auszug der 130 Hamelner Kinder 1284 damit zu tun haben, was der Nachwelt in der Sage des Rattenfängers von Hameln erhalten ist. War er ein Lokator?

122 LEOBSCHÜTZ (GLUBCZYCE) – St. Floriansbrunnen im Neubauviertel. Als Hilfe bei Feuer ist St. Florian in Oberschlesien sehr oft anzutreffen aus guten Gründen. War es doch ein von vielen Herrschern begehrtes Land. Seit dem Glatzer Pfingstfrieden 1137 verlief die Grenze zwischen Mähren und dem piastischen Schlesien entlang des Odernebenflusses Zinna, Leobschütz kam die Bedeutung einer Grenzfeste zu. Deutsche Stadtgründung durch König Ottokar I. von Böhmen, 1224 urkundlich erwähnt, 1275 durch Ottokar II. bestätigt, er schenkte der Stadt zur Erweiterung den Stadtwald. Im 14., 15., 16. Jahrhundert Abtragung der ringförmigen Ummauerung der Innenstadt von 1282. 9 Mauertürme blieben mit vier Stadttoren: Neisser-, Troppauer-, Gröbnitzer- oder Klostertor, und das Wassertor. Die Stadt erhielt 1275 das Meilenrecht, 1298 das der Tuchniederlage, 1433 das Münzrecht, es gab 233 brauberechtigte Häuser. Schon 1298 ein Kaufhaus am Ring. Seit dem Mittelalter Tuch- und Leineweberei, im 19. Jahrhundert auf Fabriken umgestellt. 1945 große Zerstörungen. Bei den Abstimmungen 1921 stimmten 99% für Deutschland.

123 RATIBOR (RACIBÓRZ) städt. Museum. Die drei Heiligen datieren um 1500, Schlesien, ohne nähere Ortsangaben. Denn nach 1945 sind hier viele Exponate zusammengetragen worden, die man irgendwo sicherstellen oder einfach umplacieren wollte. Dadurch unterscheidet sich das heutige Museum von jenem, wie es seit der Gründung 1926 geführt wurde. Trotzdem ist es auch heute eine Fundgrube für Landesgeschichte und Volkskunde, alte Sammlungen sind erweitert oder neue dazugefügt worden, sodaß ein Besuch in der Ratiborer Jungfernstraße lohnt.

124 RATIBOR (RACIBÓRZ) – Mus. mittelalterliche Abtlg. Hier war die Sammlung schönster gotischer Plastiken untergebracht (1926). Die »schöne Madonna aus Eichenkamp« (Smolwitz) war das Prunkstück. Sie galt als Spitzenleistung eines unbekannten, nur in Oberschlesien tätigen Meisters. Beim Kampf um Ratibor 1945 war diese Plastik mit anderen wertvollen Stücken in ein tiefes Kellergewölbe eines zum Museum gehörenden Lagerhaus verbracht worden in der Hoffnung sie zu retten. In Unkenntnis der Werte wurde die ausgelagerten Kostbarkeiten von russ. Soldaten angezündet und verbrannten. Nach 1945 versuchte man, diese Lükken mit Madonnen aus dem ganzen Umland aufzufüllen. Leider ist deren Herkunft nicht immer angegeben. Die hier gezeigte Madonna, datiert um 1400, soll aus Köberwitz (Bogdanowice) sein. – Gemessen an den Kämpfen und Zerstörungen 1945 darf man dafür dankbar sein, daß trotzdem manches wertvolle Stück erhalten blieb. Selbstverständlich gibt es im Ratiborer Museum ein Kabinett mit Tillowitzer Porzellan und Proskauer Fayencen, Zinngießerkunst.

125 RATIBOR (RACIBÓRZ) Museum. Das große Wandgemälde »Die Ausgießung des Heiligen Geistes«, 1. Hälfte 17. Jahrhundert, Meister unbekannt. 1936 wurde es entdeckt, als das vermauerte Maßwerkfenster (Mitte) freigelegt wurde. Es ist aus der 1. Hälfte des 14. Jahrhunderts. Zu den Sehenswürdigkeiten Oberschlesiens zählt diese Wandmalerei. Hier wird sichtbar, daß der Reiz dieses Museums in seiner gotischen Architektur liegt, ein würdiger Rahmen für Kostbarkeiten und Sammlungen, die ein breites Spektrum des Lebens in dieser unterschiedlichen Region zeigen.

126 RATIBOR (RACIBÓRZ) Innenstadt heute. Die alte Herzogstadt liegt an einem frühgeschichtlichen Oderübergang, alte Handelsstraßen führten vom Mittelmeer her über Mähren und Schlesien nach Krakau oder zur Ostsee hier vorbei. 1108 erstmals erwähnt, war Ratibor Sitz schlesischer Herzöge. Die Mongolen wurden 1241 erfolgreich abgewehrt. Piasten, Přemysliden, Könige und Markgrafen lösten sich in der Herrschaft ab, darunter Landgraf Viktor Amadeus von Hessen-Rothenburg, oder 1834 Prinz Viktor v. Hohenlohe-Waldenburg-Schillingsfürst mit entsprechender Hofhaltung.

127 RATIBOR-OSTROG (RACIBÓRZ-OSTROG) St. Johanniskirche, die eine Vorläuferin aus Holz aus dem Jahr 1307 hatte. Ihr verändertes Aussehen, das Fehlen der Turmspitze verdankt sie den Kampfhandlungen 1945. Der Stadtteil Ostrog wurde 1927 mit dem Schloß zu Ratibor eingemeindet und zählt seitdem als Ratibor-Nord. Die frühe Siedlung am linken Oderufer wird bereits 1217 mit Markt- und Schankrecht ausgestattet und als Hospites erwähnt für flämische Kaufleute und Ansiedler. Schon vor Ankunft der Siedler wohnten dort Burgleute.

128 GROSS-RAUDEN (RUDY) – Kr. Ratibor.
Die Beschreibung des Klosterortes aus dem Jahr 1659 lautete so: »Drey meil wegs von Ratibor, drey von Sohrau, drey von Gleibitz und drey von Cosel, also gleichsamb auf einem Krützweg, umbreitet von Tannenwäldern« findet sich das 1252 als Zisterzienserabtei gegründete Kloster und auch diese Marienstatue (Bild).
1696–1716 erfolgte die barocke Umgestaltung der Klosterkirche. Schmuckstücke sind die Marienkapelle und der Marienaltar im Chorraum.
Es verwundert also kaum, dort eine derart schöne Marienstatue zu finden. Stets war das Kloster mit seinen Kunstschätzen ein beliebtes Ziel für Besucher. Es beherbergte eine reiche Bibliothek mit ca. 18 000 Bänden, darunter viele Handschriften, außerdem Holzschnitzereien, Stuckverzierungen und Frescomalereien.
Von 1740–1816 gehörte eine Lateinschule mit 2 000 Schülern zum Kloster.
Seine kulturelle Ausstrahlung ging mit der Säkularisation zu Ende.
Schloß und Kirche wurden 1945 fast ganz vernichtet. Die Kirche ist mit Sorgfalt wieder aufgebaut worden.

129 BERENDORF Kr. Ratibor liegt an der Zinna, einem Nebenfluß der Oder. »Oppa, Zinna, Hotzenplotz..«, wer hätte das nicht in der Schule gelernt? Saftige Wiesen und dunkle Ackerböden. Namen wie »Fischdörfel, Haberfeld und Habergrund« unterstreichen den Reichtum der Landschaft. Wo sich die junge Oder in den Kreis Cosel begibt, finden sich Bezeichnungen wie Bachweiler und Weidenmoor; aber auch Namen wie »Sanssouci« bei der Kreuzprobstei Herrenkirch, oder Eichendorffmühl bei Lubowitz geben Hinweise auf geschichtliche Abläufe und verschiedene Herren.

130 LUBOWITZ (LUBOWICE) Kr. Ratibor, Park mit Schloß. Hier wurde am 10.3.1788 der Dichter der Romantik, Joseph von Eichendorff, geboren. Die Eltern, Freiherr Adolf von Eichendorff und Karoline von Kloch erwarben das Schloß 1785, die glückliche Kinderzeit des Dichters mit Bruder Wilhelm war kurz: es mußte 1823 zwangsversteigert werden. Dieses Ereignis wurde in Eichendorffs Dichtung zum Symbol des Heimatverlustes. Im 2. Weltkrieg war Schloß Lubowitz ein wichtiger strategischer Punkt und wurde durch Artilleriebeschuß total vernichtet.

131 KRANOWITZ (KRANOWICE) 1936: Kranstädt, an der Zinna, Kr. Ratibor. 1302 Nachweis einer Kirche; dieser Neubau (Bild) stammt von 1913. Das Angerdorf gehörte zum Herzogtum Troppau. Mit Genehmigung König Ottokars II. von Böhmen erhob der Truchseß des Olmützer Bischofs, Herbord von Füllstein, Kranowitz zur Stadt nach Leobschützer Recht. Ackerbürgerort, preußisch ab 1742, nur noch ein Marktflecken. Die Bewohner sprachen mährisch, trotzdem Verbleib 1920 beim Deutschen Reich, während das benachbarte, deutschsprachige Zauditz zu der neugegründeten CSR kam.

132 MYSLOWITZ (MYSLOWICE) Kr. Kattowitz. Entstehung der Stadt um 1178, war bis 1922 die Grenze Schlesiens nach dem Osten. Am Zusammenfluß von Weisser und Schwarzer Przemsa wichtiger geographischer Punkt bis zur Abtretung an Polen 1922: die Dreikaiserecke. Hier grenzten Rußland, Deutschland und Österreich aneinander. Drehscheibe für Flüchtende, hier fand 1905 Rosa von Luxemburg nach ihrer Flucht Aufnahme, hier richtet die HAPAG (Hamburg-Amerika-Linie) eine Station ein für Auswanderungswillige in westliche Länder und Übersee.

133 RUDWEILER (RUDA). Kr. Kattowitz. Bergarbeitersiedlung, erbaut zwischen den beiden Weltkriegen, rote Ziegelbauten wie die Bergmannshäuser aus dem Ruhrgebiet. Sie sind unempfindlicher gegen den allgegenwärtigen Kohlenstaub. Man ist bemüht den Männern, die tief unter der Erde acht Stunden lang schweißtriefend das schwarze Gold aus den Gesteinswänden brechen, und ihren Familien über Tage ein freundliches Zuhause zu bieten. Auch von Tränen können Bergmannshäuser erzählen, von Männern und Vätern, die bei einem Grubenunglück umkamen.

134 KATTOWITZ (KATOWICE) Freizeit heute. Erholendes Vergnügen auf einem der vielen Hüttenteiche an deren Rändern sich wie hier, schon wieder ein Schilfgürtel behauptet. Obwohl so sehr geschunden, versöhnt die Natur noch immer den Menschen für seine schwere Arbeit unter Tage. Im Mittelalter, bevor das Kohlenrevier entdeckt wurde, gab es hier viele Teiche, die zur Fischzucht genutzt wurden, aber die Aufgabe hatten, das sumpfige Gebiet trockenzulegen.

135 KATTOWITZ (KATOWICE) Grünland und Industrie Hand in Hand – das schöne Bild mit dem blauen Himmel täuscht, auch wenn man ihn den Menschen im Kohlenrevier täglich wünscht. Im Mittelalter war die deutsche Besiedlung in den sumpfigen Flußniederungen an der Rawa stehengebliehen, hatte auch die unfruchtbaren Sandböden gemieden. Deutschrechtlich gegründete Dörfer, Bogutschütz und Brynow, waren wieder verlassen worden, der Rest war Urwald. Erst Herzog Johann II. von Ratibor setzte 1397 in Bogutschütz einen deutschen Hammer aus – damit begann alles.

136 KATTOWITZ (KATOWICE) – Erhaltene Bürgerhäuser, da Kattowitz kaum Kriegsschäden zu beklagen hatte. Durch Eingemeindungen hatte Kattowitz 1940 als nunmehrige Großstadt 127 000 Einwohner. Bei Kriegsende waren etwa 40 000 Bewohner geflüchtet, 20 000 sind später ausgewiesen worden. Nach 1922 war Kattowitz Verwaltungssitz der Woj. Schlesien, um dann 1941 Hauptstadt des deutschen und polnischen Oberschlesien zu werden. Heute leben dort hauptsächlich Zuwanderer der polnischen an Rußland gefallenen Ostgebiete.
Industrie, Gruben- und Hüttenwesen spielen hier natürlich eine vorrangige Rolle, aber auch das kulturelle Gesicht von Kattowitz ist geblieben mit Theater, Konservatorium, schlesischer Bibliothek, technischen Hochschulen, der 1968 gegründeten schlesischen Universität. Neu eine riesige Sporthalle zwischen schmucklosen Hochhauskästen, die Straßenbahn ist noch immer das am meisten benützte Verkehrsmittel. Auf diese einfache Weise wirtschaftlicher Engpässe, was Privatautos betrifft, kann dieses für die Umwelt Gewinn bedeuten.

137 KATTOWITZ (KATOWICE). Das 1907 eingeweihte Stadttheater am Ring, glanzvolles Zeugnis deutschen Kulturlebens mit großen Leistungen in der Musik, Oper und Schauspiel. Bau und Unterhalt des Theaters in schweren Zeiten war durch den Opfersinn der Bürger möglich geworden. Obwohl Kattowitz am 20.3.1921 mit 85,4% für den Verbleib bei Deutschland gestimmt hatte, kam es 1922 an Polen. Doch durch nachbarschaftliche Vereinbarungen mit Polen durfte das westoberschlesische Drei-Städte-Theater, und auch Wiener, Breslauer und Bielitzer Bühnen Kattowitz deutsch bespielen.

138 KÖNIGSHÜTTE (CHORZÓW) Freizeitpark mit Freilichtmuseum, nach 1945 eingerichtet in den Parkanlagen des Redenberges, wo seit 1853 ein hohes Standbild des Bildhauers Theodor Kalide von Graf Reden, dem großen Förderer des oberschlesischen Hüttenwesen stand. Ob sich an dieser Stelle in der Frühzeit auch Saurier tummelten, sei dahingestellt. Einmalige, voreiszeitliche Funde im oberschlesischen Museum zu Gleiwitz aus den verschiedenen Sandbaggergebieten beweisen das Vorkommen von Mammuts, Nashorn, Wisent, Höhlenbär, Moschusochse, Elche, Renntier, Hirsch.

139 KÖNIGSHÜTTE (CHORZÓW) kann sich des größten oberschlesischen Hüttenwerkes rühmen. Aber auch Eisenbahnwaggons, Straßenbahnwagen, Grubenlokomotiven, Brückenkonstruktionen aus Eisen und Stahl, Stickstoff, Schamotte und Flaschenglas wurden und werden hier hergestellt, wenn auch die Betriebe und ihre Einrichtungen noch aus der Vorkriegszeit stammen. Königshütte gehört in das nach dem 1. Weltkrieg abgetrennte Ostoberschlesien. Bei der Volksabstimmung 1921 hatten sich 74 % der Abstimmungsberechtigten für das Deutsche Reich entschieden.

140 KÖNIGSHÜTTE (CHORZÓW) St. Josefs-Kirche, 1912 erbaut. Königshütte hat eine kurze Geschichte, entstand erst im 19. und 20. Jahrhundert durch die Entwicklung und Begründung verschiedener Kohlengruben, wie die 1796 eröffnete Grube »Carl von Hessen« und der sogenannten »Königsgrube« 1800. Dafür hatte der preußische Staat ein 75 ha großes Gelände gekauft, für die Hüttenarbeiter wurden Siedlungen notwendig und erweiterten sich laufend. Ein Stadtzentrum entwickelte sich, 1905 war Königshütte mit 66 042 Einwohnern zweitgrößte Stadt Schlesiens (1868).

141 HINDENBURG (ZABRZE) Theater, ebenfalls um die Jahrhundertwende mit Hilfe der Bürger erbaut. Hindenburgs Geschichte beginnt 1305. Da wird in einer Urkunde das 60 Hufen große Dorf am Beuthner Wasser mit den Namen »Sadbre sive Cunczindorf« erwähnt, wobei Kunzendorf sich auf den Namen des Lokators bezog. Durch spätere Slawisierung des Namens durch Besitzverhältnisse (1538 Dluhomil von Birawa) blieb die Bezeichnung Zabrze. Mit Holzkohleöfen ab 1725 begann das spätere Industriezeitalter: 1790 Gründung der Königin-Luise-Grube, die Neuzeit kam.

142 Kr. Tarnowitz (Tarnowskie Góry) Park bei SCHLOSS NEUDECK. Es scheint als sei hier das Gleichgewicht zwischen Natur und Industrie noch gewahrt. Den Menschen zuliebe möge das nicht nur eine freundliche Illusion sein. 1945 waren hier große Verwüstungen, beide Schlösser abgebrannt bis auf die Grundmauern. 143 TARNOWITZ (TARNOWSKIE GÓRY) Häuser am Ring, Reste des mittelalterlichen Stadtkerns. Gegenüber der Pfarrkirche steht ein Holztürmchen mit einer Bergmannsglocke (16. Jahrhundert). Sinnbild des alten Bergmannsliedes »Das Tarnowitzer Glöcklein«.

144 NEUDECK Kr. Tarnowitz (Tarnowskie Góry). Gartenanlage des Schlosses, was als einziges nach den Verwüstungen von 1945 übrig blieb: drei Wasserbecken und vier Skulpturengruppen kämpfender Tiere an der südöstlichen Fassade des alten Schlosses. Beide Schlösser brannten bis auf die Grundmauern aus. Besitz der Familie Henkel von Donnersmarck ab 1629–1945. Große Schloßanlage, unter Graf Carl Maximilian 1670/80 umgebaut auf altem Grundriß, im 18. und 1. Hälfte 19. Jahrhundert Umbau im Stil englischer Tudorgotik, zählte zu den schönsten Bauten O/S.

145 SCHLOSS NEUDECK Kr. Tarnowitz (Tarnowskie Góry). Nach Versailler Vorbild wurde 1868–75 neben dem alten Schloß ein neues erbaut, desgleichen im Park eine kleine evang. Kirche, der die Berliner Monbijou-Kirche als Vorbild gedient hatte. 1945 versank alles in Schutt und Asche. Zu Zeiten der Abstimmung wohnte 1922 der Präsident der Gemischten Kommission für Oberschlesien als Gast des Fürsten (Fürst seit 1901) Henkel von Donnersmarck hier, der Schweizer Alt-Bundespräsident Dr. Felix Colander. – Heute ein Institut für Obstbau.

1896-98

146 TARNOWITZ (TARNOWSKIE GÓRY) – Rathaus, erbaut 1896–1898. Tarnowitz hatte im 15. und 16. Jahrhundert eine wirtschaftliche Blütezeit durch den Abbau von Silber und bleihaltigen Erzen. Tarnowitz war unter der Herrschaft der beiden hohenzollerschen Markgrafen Georg und Georg-Friedrich von Ansbach, die zusammen mit Herzog Johann von Oppeln 1526 eine neue, vom fränkischen Recht beeinflußte Bergordnung einführten. In Artikel 49 wird verlangt, daß die Bürgermeister und Ratmannen von Tarnowitz neben der deutschen auch der tschechischen und polnischen Sprache mächtig sein sollten. Sie hatten frühe wirtschaftliche Einsichten mit Erfolg für die Stadt eingesetzt.

147 BEUTHEN O/S (BYTOM) – Schon im 11. Jahrhundert als Marktflekken erwähnt, von jeher ein wichtiger Punkt an der »Hohen Straße« dem wichtigsten Handelsweg des mittelalterlichen Europa, Beuthen im letzten Teilstück zwischen Breslau und Krakau. Mehrere gotische und neugotische Kirchenbauten wie St. Marien und St. Nikolaus aus dem 13. Jahrhundert.

148 BEUTHEN (BYTOM). St. Laurentiuskirche (1530) aus Mikultschütz. Von dort in den Beuthener Stadtpark versetzt, ab 1921 Museum für kirchliche Altertümer. Im Innern ein Sarkophag aus Steinkohle. Ehrenmal 1914-18. Durch Brand 1985 zerstört.

149 GOSTIN Kr. Pless (Pszczyna) im Vorhügelland unweit der noch jungen Weichsel. Es bietet sich hier das so typische Bild von Oberschlesien: im Vordergrund die Kornfelder, Wohnsiedlungen und dahinter rauchende Schlote. Der Stolz von einst ist Umweltangst.

150 PLESS (PSZCZYNA) 1327 bezeugt als »civitas Plesna«, wahrscheinlich war die Stadtgründung schon 50 Jahre früher. Hier der Marktplatz, an die evangelische Kirche, links, das angebaute Rathaus mit Säulenvorsprung, nach 1748 erbaut, heutige Form aus dem 19. und 20. Jahrhundert. Bewegte Stadtgeschichte seit Gründung und erster Besiedlung am Plesse-Bach mit Übergangsstelle der Straße von Krakau über Ausschwitz nach Pless. Bis in die Neuzeit tummelten sich Wisente in den Forsten. Und das Grauen – das KZ von Ausschwitz – lag 11 km entfernt.

151 PLESS (PSZCZYNA) Schloß. Es wird heute als Museum für Innenausstattung von namhaften Designern genutzt. Baumeister Christian Jahne erbaute die dreiflüglige Schloßanlage in den Jahren 1743–67 auf den Fundamenten einer vorherigen gotischen Burg. Fürst Hans Heinrich XI. aus der Linie Hochberg-Fürstenstein ließ nach den erfolgten Umbauten 1847 noch einmal Änderungen vornehmen (1870–74). Das Landhaus »Ludwigswunsch« 1800 im malerischen Schloßpark zwischen Teichen erbaut, war nach Prinz Ludwig von Anhalt-Köthen benannt.

152 GLEIWITZ (GLIWICE) – St. Bartholomäuskirche im Ortsteil Petersdorf auf der östlichen Seite des Klodnitzkanals, 1897 zu Gleiwitz eingemeindet. Der Chor dieser großen Kirche ist noch aus dem 15. Jahrhundert. Alles weitere entstand nach 1626. Der Oppelner Herzog Wladislaus gründete 1276 Gleiwitz als deutschrechtliche Stadt am linken Klodnitzufer neben einer altslaw. Siedlung, die später Alt-Gleiwitz genannt wurde. Gleiwitz war der Mittelpunkt einer Gruppe zum gleichen Zeitpunkt ausgesetzter Dörfer, von denen Schönwald das bekannteste ist. Die jeweiligen Herren wechselten ja überall sehr schnell. Gleiwitz hat allein bis in die Hussitenzeit viele Herren gehabt: 1281 starb der Begründer, das Herzogtum Oppeln wurde geteilt, Gleiwitz kam an das Teilfürstentum Beuthen-Cosel, wurde Pfandbes. d. Hz. von Ratibor, kam 1355 an Primislaus von Teschen, 1372 an den Hz. von Oels, Teschen und Auschwitz. 1430 Hussiten, der litauische Prinz Sigm. Korybut nahm Gleiwitz ein, residierte dort bis König Matth. Corvinius Jan Bielik von Kornitz als Landeshauptmann einsetzte (1482).

153 GLEIWITZ (GLIWICE) – Marktplatz. Hier war bis 1945 Dienstag und Freitag Wochenmarkt. Um Rathaus und Gabeljürgenbrunnen reihten sich die Stände mit Gemüse und Obst, mit Kraut aller Sorten aneinander. Die Ware der Marktfrauen war schon sehr früh, z. T. mit Pferdewagen aus der Gegend von Ratibor und Leobschütz angeliefert worden. – Nahe der Allerheiligenkirche war der Fleischmarkt. Sogar während des Krieges boten die Fleischer ihre Waren an: warme Wurst, Knoblauchwurst, Oppelner, Frankfurter, Wienerle, Wellwurst, »Kruppnioken« – eine Art Wellwurst, mit Kälberzähnen (gr. Graupe) verarbeitet zum Mitkochen oder Warmmachen. Das schönste war der Buttermarkt, wo die Schönwälder Frauen in ihren gestickten Trachten ihre Waren anboten: Butter, Weißkäse (Quark), Eier, Blaubeeren, Preiselbeeren, Pfifferlinge und viele andere Pilze. – Auf dem Roßmarkt wurde noch immer mit Vieh gehandelt und war ein besonderes Spektakel für die Kinder. Die Gleiwitzer Frauen brauchten am Markttag nicht unbedingt ein Mittagessen: sie hatten sich »durchgekostet«.

154 GLEIWITZ (GLIWICE) Tanzende Faune auf dem 1823 aufgestellten Brunnen, Ausdruck des hier zu hoher Blüte gebrachten Eisenkunstgusses. Im Volksmund hießen die Faune nur die »tanzenden Bürgermeister von Gleiwitz«. Die Königl. Eisengießerei erlangte Berümtheit, weil das 1813 für die Befreiungskriege gestiftetet Eiserne Kreuz hier gegossen wurde.
155 Markt. Blick auf das Verwaltungsgebäude der gräfl. Schaffgottschen Werke GmbH. G. war auch der Sitz der Graf v. Ballestremschen Güterdirektion, Berg- und Hüttenmännischer Verein, der Oberschles. Knappschaft und vielen mehr. Als industrieller Mittelpunkt verfügte Gleiwitz auch über einen Flughafen. Das große Ereignis war die Landung des Luftschiffes »Graf Zeppelin« am 5. 7. 1931. (20 000 Besucher). Der Bau des Rundfunksenders begann 1925, auch die bekannte schlesische Funkstunde hatte hier einen Ableger. Der von den Nazis inszenierte Überfall auf den Sender war Anlass für den Ausbruch des 2. Weltkrieges. Das verhalf der fortschrittlichen Stadt zu trauriger Berühmtheit.

156 BURG TOST Kr Gleiwitz (250 m hoch) oberschlesischer Muschelkalkrücken. Kastellanei, 1246 Witwensitz der Herzogin Judith von Ratibor. 1430/33 Zerstörungen durch die Hussiten, 1570 durch Brand, 1945 durch Krieg. Großzügiger Neuaufbau 1648–66 durch Graf Caspar Colonna. Nach 1791 kurze Zeit im Besitz Adolph Freiherr von Eichendorff, dem Vater des Dichters. Ihm folgten die Grafen Gaschin (1797) und ab 1841–1945 die Familie Guaredze. Heute wieder aufgebaut, kulturelle Nutzung mit Museum, Bibliothek, Theater und Kino. Mauern und Basteien sind instandgesetzt, Grünanlagen.

157 BRUNNECK Schloß. Nordöstlich von Tost und Peiskretscham. Der Ort liegt am Stollenwasser, einem Nebenfluß der Malapane im wald- und wasserreichen Gebiet des Hornecker Forstes, an der Grenze zum früher abgetrennten Ostoberschlesien. Hier sprachen die Menschen zumeist wasserpolnisch und führten ein bescheidenes Leben, sie arbeiteten in kleinen Hüttenwerken, für die aber Fachleute aus dem Harz und Westfalen geholt wurden, die zumeist evangelisch waren. Dieser Umstand brachte das Kuriosum evangelischer Diasporagemeinden im Grenzland.

INRI

158 HARTLINGEN (PACZYNA) Kr. Tost-Gleiwitz liegt an der Strecke zwischen Tost und Preiskretscham. Hier ist das ländlich-fromme Oberschlesien, wo die Menschen an einer solchen Stelle innehalten für ein kurzes Gebet, für stille Gedanken und der Bitte um eine gute Ernte.

159 PREISKRETSCHAM (PYSKOWIC) Kr. Tost-Gleiwitz, liebevoll gestaltete Kirchennische. Der Ort liegt an der Drama kurz vor der Mündung in die Klodnitz, war von jeher Rastort an der Hohen Straße zwischen Breslau und Krakau, worauf sogar Kretscham im Ortsnamen hinweist.

160 SCHWIRKLAN KR. RYBNIK – Im Breslauer Zehntverzeichnis sind Dörfer aufgelistet (um 1300) mit der Zahl ihrer an den Bischof zu »zehntenden Hufen«. Genannt wurde ein geschlossener Block von Waldhufendörfern östlich von Loslau aufgeführt, u.a. auch »Swrklant« – Schwirklan – mit einer Größe von 24 Hufen. Schwirklan wird 1255 erstmals genannt. Hervorstechend war, daß die Zehnten der neuen Dörfer nicht nach poln. Art mit Garben auf dem Felde zahlten, sondern mit Geld. Dieses Recht mit Geld zu zahlen hatten die deutschen Siedler schon in Niederschlesien durchgesetzt und brachten es nun auch ins Oppelner Land mit.

161 SEE BEI GOTTSCHALKOWITZ. Ein beliebter Platz für Sportangler. Oberschlesien ist übersät mit solchen Plätzen. Neben den Anglerparadiesen sind die unzähligen Teiche und Wasserläufe aber auch Ort für die professionelle Fischwirtschaft. Kein Wunder also, daß dort vom Küchenzettel Fisch nicht fortzudenken ist, ob als falscher Kaviar aus dem Arme-Leute-Hering oder als Festtagskarpfen zubereitet. War letzterer nach deutscher Art gegart, schwamm er doch am liebsten in kunstvoll zelebrierter, köstlicher polnischer Soße.

162 Vor 100 Jahren wurde über die WÄLDER von Beuthen berichtet: Die früher sehr umfangreichen, besonders starke Eichen enthaltenden Wälder sind infolge des Hüttenrauches fast ganz verschwunden. – Dieser Novemberwald ist von heute. – Gleiwitz: 1683 wurden die Linden zu Ehren des anwesenden Johann Sobieski (Magnat dessen Familie dem polnischen König Johann III. enstammt) von Franziskanern angepflanzt. In Schedlau Kr. Falkenberg hatte die »Pücklereiche« 7,78 m Umfang. Laut Inschrift starb dort 1537 Ritter Stosch im Duell gegen einen R. Pückler.

163 TESCHEN (CIESZYN, TSCHECH. TĚŠIN) Krankenhaus. Teschen hat durch seine bevorzugte Lage an der Olsa im fruchtbaren Vorhügelland der Beskiden eine bewegte Geschichte, viele Herren, Religionskonflikte, Mehrsprachigkeit. Den Kranken galt hier scheinbar große Aufmerksamkeit. Im ausgehenden 17. Jahrhundert ließ sich hier der neue Spitalorden zu den »Barmherzigen Brüdern« nieder, 1892 erbaute Pfarrer Haase das große evangelische Krankenhaus. Aber von hier aus gingen auch die ostmährischen Protestanten in die Lausitz zu den Herrnhutern.

164 TESCHEN (CIESZYN, TSCHECH. TĚŠIN) – Bauliche Schönheit von Gestern in Symbiose mit bescheidenem Heute. Ein typisches Grenzschicksal für die Bewohner, international. 1930: 10 554 Einwohner – 4 420 Tschechen, 3 269 Deutsche, 1 466 Polen, 808 Ausl., 591 andere. Teschen – 1805 n.d. Schlacht bei Austerlitz Sitz der gefl. österr. Regierung. 1848 Teschner Abgeordnete in der Frankfurter Paulskirche, gleichz. Teiln. des Teschener Polen Stalmach am Slawenkongreß in Prag, der zurückgekehrt, nationalpoln. Zeitungen herausgibt. Zur gleichen Zeit versucht der Pfarrer der ev. Gemeinde Teschen die deutschgesinnten Slonsaken zu Polen umzuerziehen, während sein Nachfolger, Pfr. Haase, das Gegenteil versucht, indem er diese Volksgruppe mit den Deutschen verbindet. – 1916 lag in Teschen das Hauptquartier der österreichischen Armee. Wen will es wundern, daß Teschen stets ein Zankapfel zwischen den verschiedenen Interessen war. Nach dem Münchner Abkommen kam Teschen an Polen, 1939 zur preuss. Provinz Oberschlesien. Trotz Minderheit ist die Stadt wirtschaftlich und kulturell deutsch geprägt.

165 TESCHEN (CIESZYN, TSCHECH. TĚŠIN) – Patrizierhäuser am Ring. Wirtschaftl. Blüte nach der 1495 begründeten Fugger-Thurzo-Handelslinie, ausgerichtet auf den »gemeinen Ungarischen Handel über den Jablunka-Pass mit Neusohler Kupfer. Unter 262 Meistern waren 1524 die Tuchmacher stärkste Zunft. Büchsenmacher- und schäfter waren es im 16. und 17. Jahrh., die »Teschinken«, kleinkalibrige Gewehre mit Einlegearbeit waren begehrt. Eine Änderung 1720: bci 171 Handwerkern nur noch 3 Tuchmacher. Es gab slaw. und deutsche Prediger und nachdenkenswerte Verordnungen. Aus den Statuten der Bäckerinnung geht hervor, daß »keine Polen oder Böhmen« in die Innung aufgenommen werden sollten, sondern nur »Personen deutsch. Art und Geburt.« Trotzdem muß das Miteinander verschiedener Zugehörigkeit auch fruchtbar gewesen sein wie die Wirtschaft beweist. In Teschen steht auch das älteste schles. Bauwerk: die Nikolauskirche, 11. Jahrhundert. Mit der »civitas Tessin« ist die Stadtgründung mit 1284 belegt, doch schon 1263 wurde ein Dominikanerkloster nachgewiesen. In Teschen steht eine der sechs ev. Gnadenkirchen.

166 BIELITZ (BIELSKO) – Rathaus. Die Stadt verfügt über eine Reihe großer, ansehnlicher Bauten, die nicht nur auf den Handel, sondern vor allem auf das evang. Schulwesen zurückgeht. Nach dem Verbleib von Bielitz bei Österreich 1742, war es auch gleichzeitig die einzige evang. Stadt im ganzen Staate. Das 1867 unter der Leitung des Heidelberger Prof. Stoy gegründete evang. Lehrerseminar bildete den gesamten evang. Pädagogennachwuchs von ganz Österreich aus nach den Grundsätzen der Herbartschen Pädagogik. Die Lutherischen von Bielitz hatten diese Entwicklung nehmen können, weil Kaiser Joseph II. ihnen 1781 das Toleranzpatent zubilligte, das ihnen freie Glaubensausübung zugestand. Damit war die Zeit der Unterdrückung durch die Gegenreformation vorbei, die Zeit der Gottesdienste in den beskidischen Wäldern, der Besuch von geheimen »Winkelschulen« Bielitzer Kinder in Niederschlesien und Ungarn. Auch die Ablösung aus der Abhängigkeit des adelg. poln. Grundherrn durch den Kaiser hat diese Entwicklung ermöglicht (1789).

167 BIELITZ-BIALA (BIELSKO) Die auf beiden Seiten der Biala liegende Stadt, wurde miteinander verschmolzen bei der Auslösung Bialas aus der polnischen Herrschaft durch Kaiser Joseph II., der Bielitz 1799 zur königlichen Freistadt erhob. Es folgte wirtschaftlicher Aufschwung, 1815 hatte die Stadt 1000 Tuchmacher und ca. 8000 Einwohner. Durch die Randlage blieb sie vom 30jährigen Krieg verschont, doch unter dem Druck der Gegenreformation flüchteten die Lutherischen auf die polnische Seite der Biala und siedelten sich unter der Herrschaft Johann Fr. Lubowiecki an.

168 BIELITZ-BIALA (BIELSKO) Blick auf die Vorberge der Beskiden, auf 1000 m ansteigend, wo Biala, Brennitz und Weichsel entspringen, am Rand der Geschichte liegende Landschaft wo sich einst die sogenannte Waldschranke zwischen Schlesien und Kleinpolen befand, die Abgrenzung zwischen den Herrschaftsansprüchen der Bistümer Breslau und Krakau. Nach den Wünschen der Menschen fragte man nicht, sie waren Leibeigene, Aufbringer des »Zehnten«. Rechtsansprüchen wurde mit der Ansiedlung deutscher Dörfer Nachdruck verliehen, dafür im 15./16. Jahrhundert sprachlich polonisiert.